纪念中国人民抗日战争
暨世界反法西斯战争胜利70周年重点出版物

北平抗战实录

文物背后的抗战故事

北京市文物局 主编

北京燕山出版社

图书在版编目（CIP）数据

文物背后的抗战故事 / 北京市文物局主编 . —北京：北京燕山出版社 , 2015.8

（北平抗战实录）

ISBN 978-7-5402-3930-5

Ⅰ . ①文… Ⅱ . ①北… Ⅲ . ①抗日战争－史料－北京市 Ⅳ . ① K265.06

中国版本图书馆 CIP 数据核字 (2015) 第 180922 号

北京市社会科学理论著作出版基金重点资助项目

文物背后的抗战故事

主　　编　北京市文物局
项目策划
项目负责　李满意
责任编辑　陈　雪　王梦楠
营销编辑　涂苏婷
责任校对　张瑞武　甄　飞
责任质检　江金照
封面设计　鲁　筱
社　　址　北京市西城区陶然亭路 53 号（100054）
网　　址　http://www.bjyspress.com/
微　　博　http://weibo.com/u/2526206071
微　　信　yanshanreading
电　　话　01065240430；01063581036
印　　刷　北京启恒印刷有限公司
开　　本　710mm×1000mm　1/16
字　　数　212 千字
印　　张　14.25
版　　次　2015 年 8 月第 1 版
印　　次　2015 年 8 月第 1 次印刷
定　　价　50.00 元

出版发行　YSP 北京燕山出版社 BEIJING YANSHAN PRESS

《愚公移山》 国画

鸣谢

组织单位：

北京市文物局

鸣谢单位：

中国人民抗日战争纪念馆

中共北京市委党史研究室

北京市东城区文化委员会

北京市西城区文化委员会

北京市海淀区文化委员会

北京市丰台区文化委员会

北京市石景山区文化委员会

北京市怀柔区文化委员会

北京市门头沟区文化委员会

北京市密云县文化委员会

北京市延庆县文化委员会

平北抗日战争纪念馆

平西抗日战争纪念馆

冀热察挺进军司令部旧址陈列馆

鸣谢个人：

北京市档案馆 刘苏

民间抗战文物收藏家 朱燕君

民间抗战文物收藏家 原启长

著名民俗专家 高巍

永定河博物馆 谭勇

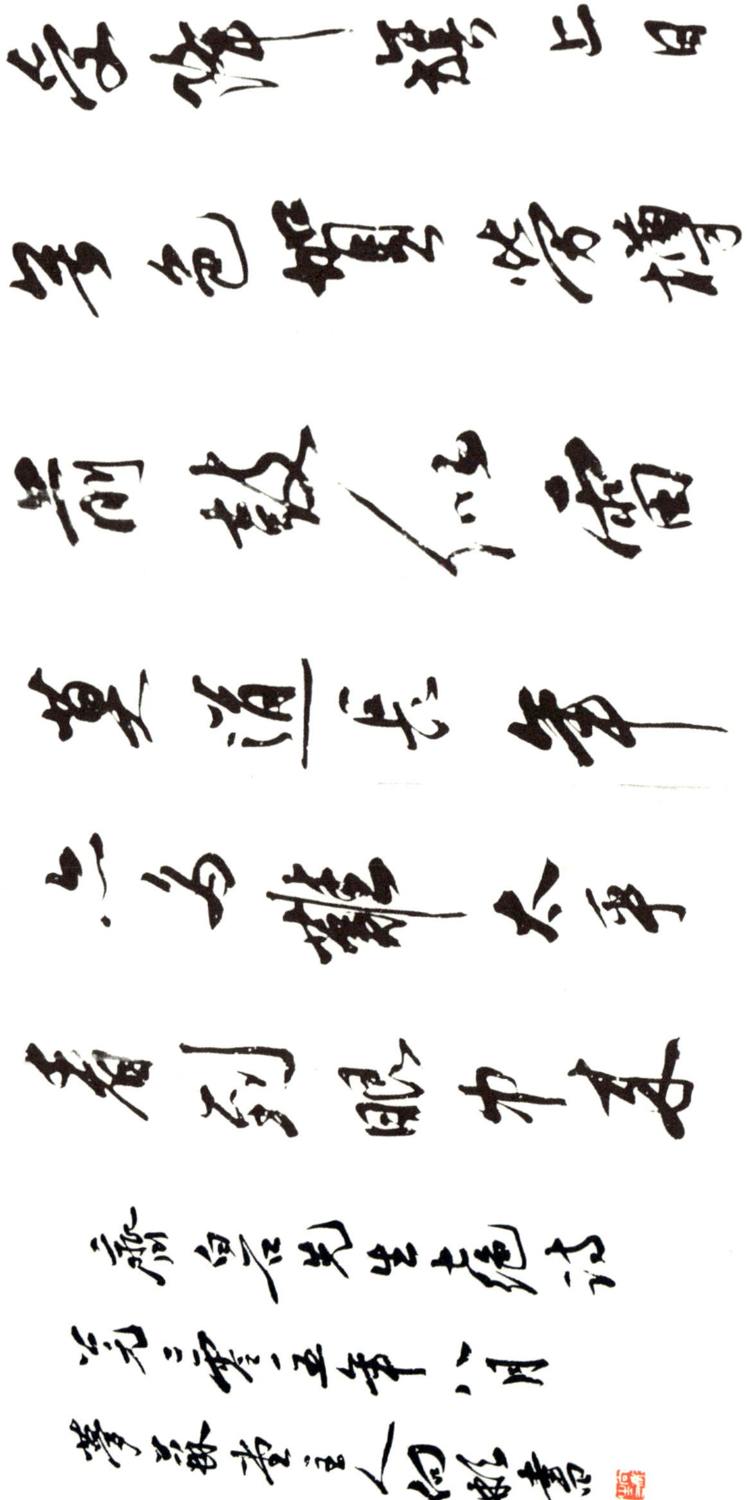

受降旗上日
無色賀勞樽
前鼓似雷
莫道長年
亦為難太平
看到眼中來

齊白石先生七絕詩
乙未二零一五年八月
夢蘇堂主人向彬書

XUYAN

序 言

中国人民抗日战争，是中国人民反抗日本帝国主义野蛮侵略的正义战争，是世界反法西斯战争的重要组成部分，是近代以来中国反抗外敌入侵第一次取得完全胜利的民族解放战争。北平军民掀起的抗日风暴，是这场反侵略滔天怒潮中的重要组成部分。

从九一八事变后声援东北同胞到“一·二九”抗日救亡运动的兴起，从1933年长城阻敌到卢沟桥事变掀开全民族抗战的大幕，具有光荣爱国传统的北平人民始终站在抗日救亡运动的最前线。

1937 年 7 月 29 日，北平沦陷。但这座有着古老历史和光荣传统的城市，遇强虏而不退，靠同心渡浩劫。

8 年沦陷时期，北平民众坚持敌后抗战，在华北始终高举抗日民族解放的旗帜，增强了全国人民抗日必胜的信心。在今天的门头沟、房山、密云、延庆等地，中国共产党及其领导的八路军开辟平郊抗日根据地，成为华北抗战的重要战略支点和晋察冀边区的屏障和护卫，也是八路军战略反攻、挺进东北的堡垒阵地。

与此同时，北平城内的地下抗日活动从来没有停止，他们杀敌锄奸，向根据地输送人员，筹措和运送物资，进行统战和情报搜集工作，有力支持、配合了抗日武装斗争。

更有成千上万的北平儿女奔赴抗日前线，参加对敌作战和抗日武装，驰骋沙场，为国捐躯。为保卫祖国，支持抗战，许多百姓献出自己的财产和亲人，谱写了许许多多可歌可泣的英雄篇章。

热血与铁骨，铸就了一个不屈的北平!

正当全国人民紧密团结在以习近平同志为总书记的党中央周围，为实现“两个一百年”奋斗目标、实现中华民族伟大复兴的中国梦而努力奋斗之时，我们迎来了抗日战争胜利 70 周年的日子。为了铭记帝国主义侵略的那段屈辱历史，缅怀为国捐躯的先烈，祭奠惨遭荼毒的死难同胞，弘扬以“天下兴亡、匹夫有责的爱国情怀，视死如归、宁死不屈的民族气节，不畏强暴、血战到底的英雄气概，百折不挠、坚忍不拔的必胜信念”为内核的伟大的抗战精神，我们推出这套“北平抗战实录丛书”，力图用感人的故事、翔实的史料、准确的表述、多样的形式，首次全方位、深层次、多角度地记述那段北平人民用血汗铸就的光辉历史，以示纪念。

北平民众为国家独立、民族解放，为中国人民抗日战争及世界反法西斯战争的胜利做出的贡献永垂不朽!

编　者

策划单位：中共北京市委宣传部

支持单位：北京市新闻出版广电局

北京市社会科学界联合会

中共北京市委党史研究室

北京市政协文史和学习委员会

北京市档案局（馆）

北京市文物局

中国人民抗日战争纪念馆等

丛书为“北京市社会科学理论著作出版基金”“北京市优秀图书出版扶持专项资金”扶持项目

目　录

第一篇章　岂曰无衣？与子同袍——侵略与抵抗

日本军国主义侵占了东三省后，又觊觎关内，引发了古北口长城抗战。1937 年 7 月 7 日，全面侵华战争在卢沟桥打响了第一枪，自此给北平乃至全国人民带来无尽的灾难与创伤。面对外敌侵犯，中国共产党、中国守军将士、爱国民众奋起杀敌。岂曰无衣？与子同袍！

第二篇章　国破山河在，城春草木深——日军的暴行

北平沦陷之后，日军全面控制了北平的政治、文化、经济各领域，对北平的社会生活造成极大的破坏。在日军的残暴统治下，大量的无辜平民和爱国志士惨遭荼毒，家破人亡。高压统治惨绝人寰，经济秩序崩塌致使民不聊生，对北平这座古都的文化破坏，更是让人痛心疾首。

第三篇章　千里刀光影，仇恨燃九城——人民的怒火

沦陷下的北平人民，并没有就此沉沦，面对日军的兽行，在中国共产党抗日政策的影响下，在爱国热忱的鼓舞下，涌现出了众多慷慨悲歌之士，展现出了中华民族的铮铮铁骨。他们与日军斗智斗勇，为守护北平，打击侵略者做出了重要的贡献。

第四篇章　每一颗子弹，消灭一个敌人——反击与曙光

抗日民族统一战线形成之后，中华各族儿女同仇敌忾，对抗日本侵略者，中国共产党领导下的八路军更是与日军展开了殊死决战。数不清的正面交锋，灵活多变的游击战术，战场上的针锋相对，战场下的暗自较量，倾诉着军队誓死守卫家国领土的决心。八年抗战，满腔血与泪，艰难困阻多，但北平终于迎来了曙光。

第一篇章

岂曰无衣？与子同袍——侵略与抵抗

日本军国主义侵占了东三省后，又觊觎关内，引发了古北口长城抗战。1937 年 7 月 7 日，全面侵华战争在卢沟桥打响了第一枪，自此给北平乃至全国人民带来无尽的灾难与创伤。面对外敌侵犯，中国共产党、中国守军将士、爱国民众奋起杀敌。岂曰无衣？与子同袍！

白杯烈酒誓师声

王挺斌[①] 元伟[②]

在民间收藏家朱先生的个人收藏中，有一对珍贵的白瓷杯，它们侈口柱身，釉色白净。杯身的一面是一幅水墨画，有青山空谷、绿林幽居，看似透露着浅斟低唱般的雅致旖旎，但杯身另一面题写的几行厚重有力的毛笔字——“民国二十二年二月陆军第三十七师副官张运昌赠”，使它们看起来不仅古雅温润，更多了一分苍凉和悲壮。

这并不是一对普通的杯子，这是一对“绝杯酒”杯。1933 年，古北口长城抗战正值紧要关头，为了鼓舞军心，担任作战任务的中国国民党军第二十九军三十七师，为参战部队士兵送“绝杯酒”壮行。绝杯酒，顾名思义，饮后通常要碎杯以明誓死必胜之决心。因此，现存的“绝杯酒”杯非常少，而眼前的这对

三十七师誓师酒杯

① 作者：王挺斌，清华大学人文学院在读博士研究生。

② 作者：元伟。工作单位：北京燕山出版社。

幸免于“碎”的“绝杯酒”杯，则见证了古北口长城抗战中的一次非常重要的战役——喜峰口战役。

从1931年震惊中外的九一八事变开始，短短几年间，日军逐渐控制了东三省，之后又将战火燃烧到北平地区的长城一带。1933年3月9日，在紧急的号角声中，喜峰口战役打响了。当时，日军的铃木师团抵达长城喜峰口，旋即发动进攻。铃木部首先派出两个旅团的联合先遣部队，进抵、侵占北侧长城线及喜峰口以东、长城以北的抗日阵地。而当时的国民党当局在九一八事变、东三省被占和日军进侵热河全省之后，仍执着地醉心于内战，直到国内外的舆论压力愈演愈烈，国民政府才不得不下令由南昌北上。为解燃眉之急，时任北平军分会代委员长的张学良急令古北口的驻军严阻逃军入境，并命令张作相、万福麟等将领严守长城各口防线，同时派遣二十九军等部迅即开赴长城，抗击日军。于是，便有了这次悲壮惨烈的战役。

喜峰口是长城防线上一个十分重要的关口，对平津、华北的安全有着决定性的影响。第二十九军军部经过研究决定，任命赵登禹为喜峰口前敌总指挥。接到命令后，他火速率三十七师一〇九旅急行军，于3月10日赶到喜峰口，与日军展开激战。

在作战前的动员仪式上，三十七师集结完毕，准备接受指示。时值初春，春寒料峭，军旗时而随风扬起，战团里气氛肃穆。指挥将领和士兵们整装待发，他们眼神里流露出视死如归的决心，脸上充满了不畏牺牲的神情。总指挥赵登禹和师长冯治安站在队列前，无声地注视着这支由他们亲手带大带强的铁血之师，想到他们和士兵们就要上战场去拼杀、去捍卫国土，此一去不知有几人回还，心绪此起彼伏。

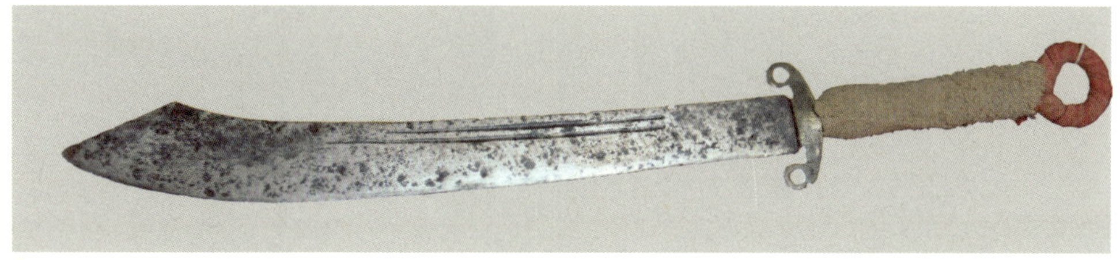

二十九军大刀

一阵沉重的脚步声过后，后勤部的几个士兵抬来了几张长桌，摆上了几排白瓷杯，一一倒满酒。那酒杯，侈口柱身、釉色白净，杯身上的水墨画在酒水的映照下闪闪发亮。满酒的杯子在桌上轻微地震颤着，酒光粼粼。

半晌，总指挥赵登禹和师长冯治安等人走近桌前，面向士兵们，沉吟良久，只听师长冯治安缓慢而有力地说道：

“士兵们，咱们三十七师都是铁铮铮的汉子，此刻我们的国土正遭践踏，我们要做什么？我们要的就是敌人有来无回！这次你们守住了古北口，守住了长城，就守住了北平的关口。你们会被国家和人民永远记住！”

说完，他擎起一杯，一饮而尽。余下的一杯杯酒，被陆续分发到每位士兵手中，一饮而尽。

“誓死抗日，保家卫国！”士兵们齐声宣誓，并将手中的酒杯摔向地面。一时间，人声、碎杯声相互交织，在崇山峻岭间回响不绝。地上的酒杯碎片，和着人声共鸣着；沉着挺拔的长城，似乎也为此动容，回荡着悠长的回声。巍巍远山，赫赫壮士，悠悠报国心。

从 3 月 10 日到 3 月 24 日间，二十九军的战士们与日军第十四混成旅等战队展开激战。据老兵回忆，战役期间长城垛口 20 余次失而复得。日寇调集 5000 余人和大批重炮、飞机对这里轰炸了近 3 个小时，阵地上火海一片。在弹药用尽之际，赵登禹率部与敌展开肉搏战，与随后蜂拥而上的日寇，一直激战到天黑。日

进攻中的日军

军寸土未得，死伤3000多人，受到重创。这次战役彻底打乱了日军占领喜峰口的计划，使全国人心为之一振，永载史册。

历史已成往事，往事犹可追忆。看着眼前这对珍贵的酒杯，眼前闪过的是一张张视死如归的面孔，一幕幕前仆后继的冲杀，一阵阵悲壮浓烈的硝烟。耳边传来的是无边的冲锋声和号角声，是壮士们英勇嘶哑的呼喊声。这段战役的历史已经过去，但这段可歌可泣的故事，人们不会忘却。

这对白瓷杯，静静地立在红木桌面上。注视着它们，用心感悟、聆听——它们杯口和杯身上斑驳的缺口和参差的划痕，都在无声地诉说着这段撼人心魄的抗战故事。或许，这对白瓷杯能够幸存下来，就是有意要让人铭记这段血泪史，铭记一个民族在生死存亡关头那种铁一般的意志和决心。

文物小档案

藏家：朱燕君先生（民间抗战文物收藏家）

流转经过：此件文物之前被新华通讯社原副社长杨居仁收藏，后杨居仁先生因病去世，将所藏的抗战文物留传给朱燕君先生，并将文物的来源、典故一并交代，请朱先生妥善保存、传续。

素材来源： 新华通讯社原副社长 杨居仁先生

故事讲述：朱燕君先生

史料考证专家：中国人民抗日战争纪念馆研究员 张量先生

参考文献

1. 侯杰、曾秋云：《喜峰口之役与大刀精神》，载《长城抗战学术研讨会》，2005年8月。

2. 江绍贞：《简评喜峰口战役》，载《历史档案》，1985年第4期。

赵登禹墓前追思英烈

吕奇志 ①

2015年的清明节，在丰台区卢沟桥西道口路边的一处墓园，来凭吊的人络绎不绝，有学生，也有军人等各界人士。无论男女老幼，大家都怀着崇敬的心情，将寄托哀思的鲜花摆放在墓碑前。有的人在墓前喃喃自语，有的人深深地鞠躬后默默离去，还有的人带着清水，认真地擦洗了墓碑。不同经历的人用各自的方式表达着对墓主人的哀悼与怀念。他们祭奠的就是声名赫赫的抗日名将赵登禹将军。

赵登禹

赵登禹将军的墓园坐落在卢沟桥东关一文字山，依山而建，左右的上下台阶由两块黑色的大理石分隔开来，一块上书几个烫金的正楷大字——“赵登禹将军墓地”，另一块则为碑文，上书将军的生平简历、主要战绩和牺牲经过。拾级而上，整个墓园映入眼帘，墓园整体为长方形，三面松柏环绕，棺椁的外面为石质长方形卧式，长2米余、宽1米，墓碑用汉白玉刻成，高1米多，顶部呈弧形，墓碑正面镌刻着“抗日烈士赵登禹将军之墓（1898—1937）”。整个墓园肃穆庄严，简洁而不失庄重。

今年是抗日战争胜利70周年，赵登禹将军殉难

① 作者：吕奇志。工作单位：中国人民抗日战争纪念馆。

78 周年。伴随着一批又一批祭奠的人，伫立在将军的墓碑前，将军短暂而光辉的人生轨迹，一幕幕浮现在我的眼前……

赵登禹，1898 年农历三月十六日出生在山东省菏泽县赵家楼村，家里世代务农，勉强度日。由于家境贫寒，赵登禹只上了两年学。他从小为人正直，好打抱不平，富有同情心。正是因为这样，赵登禹在伙伴中很有威信。13 岁时他拜当地有名的武师朱凤军为师，开始学习武术。他勤学苦练，深得师傅的真传，几年后成为了一个身材魁梧、武艺傍身的山东大汉。

1914 年，16 岁的赵登禹迈出了他人生中关键的一步，他心怀着救国救民的志愿和二哥及同村的小伙伴步行千里，到西安投奔了第十六混成旅冯玉祥部，开始了军旅生涯。

赵登禹对自己要求严格，苦练军事技术，不久就被冯玉祥提拔为自己的卫兵。1918 年，冯玉祥部队驻守湖南常德，当地时有老虎伤人事件发生，一天，部队正在野外演习时，一只老虎从草丛中跳了出来，士兵进行围追，老虎身中数枪跳

赵登禹将军之墓

入江中，赵登禹将老虎拖上岸来，骑在虎身上，挥拳猛击，将老虎打死，“打虎英雄”的美誉不胫而走。

喜峰口战役前线的二十九军大刀队

1931年九一八事变爆发，国难当头，时任三十七师一〇九旅旅长的赵登禹对部下进行“不扰民，真爱国，誓死救国”的教育，加紧训练，他亲自给士兵做示范，教士兵们练习大刀的劈杀要领和拼刺刀技术，鼓励官兵练好基本功，苦练各种实战技术，随时准备与日寇拼杀。

1933年初，日军长驱直入热河省，赵登禹旅奉宋哲元之命赴三河县、蓟县待命。3月9日，日军铃木师团尾追东北军抵达喜峰口，赵旅派第二一七团驰援，冒着大雪，不到两日急进100公里，当该团到达喜峰口南关时，日军先头部队已占领喜峰口东北之高地，双方发生激战，反复争夺，伤亡惨重。危急关头，赵登禹被委任为前敌总指挥，率主力部队赶到，他身先士卒，率部与敌奋勇搏斗，在夜幕中，第一〇九旅占领了喜峰口两侧高地。次日拂晓，日军倾巢出动，企图夺回高地。赵登禹沉着应战，一开始按兵不动，当敌人进至百米以内，他振臂高呼，率将士出击，与敌展开肉搏战，杀得敌人落荒而逃。日军恼羞成怒，用飞机大炮轮番轰炸高地，赵登禹多处负伤，仍紧握大刀不下火线，继续指挥战斗。此役，共歼日寇700余名。

11日激战又起，赵登禹裹创扶杖，督战前方，全旅官兵钻弹雨，穿硝烟，奋勇杀敌，敌丢下尸首300多具逃窜。我军也伤亡惨重。当日夜，赵登禹率全旅及三十八师董升堂团夜袭日军阵地，全旅官兵铭记旅长教导：“存亡绝续，在此一战！”个个奋勇争先，连克敌阵，全歼敌炮兵联队，炸毁重炮18门，三营营长过家芳手刃日军大佐指挥官，夺取敌指挥图等重要资料。次日晨，日军的铁甲车、汽车以及临时油库、弹药库均成废墟，炮镜和炮栓被我军卸回。是役，毙敌2000余名。

喜峰口一役，赵登禹率领的大刀队杀出了军威，让世人钦佩，“大刀向鬼子们的头上砍去”，这铿锵有力的战歌，就是赵登禹所在的二十九军将士的真实写照。当时各大报刊都刊登了二十九军的壮举和抗日英雄可歌可泣的英勇事迹。日军自“九一八”入侵中国以来，几乎攻无不克，中国军队是接连失守，此役的胜利，使国人扬眉吐气，群情激奋！日本的报纸报道说：“皇军名誉尽丧喜峰口外，而遭受六十年来未有之侮辱。”赵登禹将军作为这次战役的第一线指挥官，为战役的胜利做出了不可磨灭的贡献。

七七事变后，赵登禹将军奉命与佟麟阁将军共同负责指挥军部直属部队和平津大中学生组成的军事训练团保卫南苑。28 日，日军在向宛平城、衙门口、八宝山的中国军队发动进攻的同时，集中步兵 3 个联队、炮兵 1 个联队、飞机 30 余架向南苑进攻，由于敌我力量相差悬殊，我方伤亡较大，日军从东、西两侧攻入南苑，双方陷入肉搏战。此时，赵登禹临危不惧，亲自率卫士 30 余人，指挥二十九军卫队旅和军训团学生队与日军进行激烈的厮杀，身上多处负伤。战至中午，赵登禹奉命率部向大红门一带集结。因内奸告密，日军窥悉了这一计划，当赵登禹乘坐的汽车行至大红门御河桥时，突然遭到了日军的伏击，赵登禹身中数弹，他对传令兵说：“不要管我，北平城里还有我的老母，你回去告诉她老人家，忠孝不能两全，她的儿子死了，也算对得起祖宗，请她老人家放心吧！”说完，壮烈牺牲，时年 39 岁。

7 月 31 日，国民政府追授赵登禹为陆军上将。为了纪念赵将军，抗战胜利后，北平市政府将原北沟沿改称“赵登禹路”。1946 年，由何基沣将军主持将赵登禹烈士遗骸重新安葬在卢沟桥东关一文字山。墓园后于 1980、

二十九军 ZB-26 型轻机枪残骸（南苑抵抗日本侵略者的陆军第二十九军使用）

1991、2003 年多次进行修缮。1952 年 6 月 11 日，北京市民政局向赵登禹的亲属颁发了由毛泽东签署的“革命牺牲军人家属光荣纪念证”。

赵登禹将军虽然离开我们已经 78 年了，但人们没有忘记这位曾经叱咤风云、骁勇善战的抗日英雄，他的英雄事迹人们口口相传，一代又一代，那陵墓松柏墙上的朵朵白花，那无数祭奠的诗文就是见证。赵登禹，这个名字我们将永远铭记！

青山有幸埋忠骨

——古北口人民合力修建肉丘坟①

白守中　李善文

中国军队痛击来犯日军

白守中，原籍古北口，年轻时在原籍上学读书，他的四舅杨柏如亲自参加了修建古北口战役阵亡将士公墓——肉丘坟的工作。守中由于受爱国主义教育思想熏陶，对1933年古北口长城抗战中英勇杀敌的将士十分敬仰，所以经常请四舅讲当年战争中的情景。四舅最爱讲的就是修建肉丘坟的经过。

1933年春，长城抗战之后，古北口漫山遍野是成百上千的将士尸骨，有的已经开始腐烂。到了夜间狗吠狼嗥，使古北口陷入阴森恐怖之中。古北口人人心中揪成了疙瘩，很多人对将士们为国捐躯后曝尸荒野而默泣，实在不忍心眼睁睁地看下去，便自发地行动起来。有的是个人单独行动，有的是约仨俩同伙，挖个坑，把将士们的尸骨掩埋了。一个坑有埋一个人的，也有埋两三个人的，但这仅能把各人家附近的尸体掩埋。

古北口令公庙有位道士叫王乐如，是河北省滦平

① 此文选自由平北抗日战争纪念馆主编，中国工人出版社2002年出版的《海陀风云》第三册，编入本书时略有删改。——编者注

《二十九军长城血战记》

县古城川乡四达沟村人氏。少年出家为道士，此人乐善好施，崇尚杨家将爱国精神。看到将士尸骨丢散山野，便一面联系当地官、商，一面发动民众上山收殓。在古北口无论尊卑几乎人人出动。在南关，先在山洞口西侧挖了大坑，把敛回的尸骨放进去。一层尸骨、一层芦苇相隔。因为有了集中的地方，原来个人先掩埋起来的，这次又都起了坟，把遗体送到南关大坟来。守中家住东关，四舅还帮他家从小西院起出一具尸体呢。古北口这次行动是有影响的，四舅知道有石盆峪、八大楼子、南天门、潮关、五里坨、北甸子等村，此外还有河北滦平县的青石梁、花楼沟等地，都由人背或驴驮送来尸骨。

这次活动，场面极其感人。为了使所有牺牲的将士遗骨得到安置，古北口及附近村庄许多人都是全家出动，一连几天不休息。汤河村一王姓老人，70 多岁了，四舅告诉守中，论庄亲应称其为九爷。王九爷在南天门山上捡到一个头骨，老人家脱下上衣就包了起来。王九爷光着上身，把遗骨送到了墓地。当时的季节，在古北口光膀子还不行呢，何况还有山风吹着，差点儿没把王九爷冻坏了。东关菜园子的李太，在山上拾到一具白骨，已经背到了山下，不放心，又查了一遍，发现少了一根腿骨，又返回山上去找。这一上一下耗去了半天时间。

肉丘坟坟坑里原来都是乱石渣子，表面土不过半尺深，填坟时大家都不同意用石渣子。起坟头时，大家都说三四百人的一个坟里，坟头得填大些。附近的土不够用，古北口上上下下许多人就用口袋从远处背土填坟。有的老人孩子背不动，就用篮子挎土撒在坟头上。送土填坟的人比敛尸骨时还广泛。古北口河东、河西、北甸子、汤河、潮关、蔡家甸等村都有人送土，连河北滦平县巴克什营的百姓也有进口送土的人。

坟修好后立碑，正面碑文原来打算写“古北口抗日阵亡将士公墓”，但在《塘沽协定》之后，古北口实际上已被日本侵略者所控制，王乐如提出，如果直接写“抗日”两字，担心不但碑文不能保存长久，怕连坟头也保不住。起草碑文的人，传说是河西姓关的，也有传说是河西马举人，经过反复斟酌，把“抗日”两字改为“战役”两字。这样就不担心日本人嫌碍眼了。

背面碑文，则简要写了修建此墓的经过：

“呜呼！癸酉之春，古北口战役阵亡将士甚夥，东南两关街巷尸横遍地，山谷无处无之。当失陷期间，街巷之尸，运埋民家菜窖；四野山谷，由道人王乐如不辞辛劳，专事临地掩埋。迨至事定后，除中央起运白骨五百余具，赴蚌埠立墓合葬外，尚遗民户菜窖肉尸，并三四十里浮厝者为数尚巨，嗣经东南关互助社社长郝子仪等，以阵亡将士乃为国捐躯，应立公墓，以慰忠魂，志表英烈，启劝在生，领衔建议呈奉国民政府军事委员会采纳，咨行北平分会出员携款来口建筑此

古北口阵亡将士公墓

墓。计葬肉体尸身三百十具，白骨二百十具，聊赘数语，以志颠末，用感后之官民随时培修保存云。”

坟址当时选择的也是背静地方。当时古北口还没修铁路，通铁门关公路是东边的山上。公墓距铁门关有 1.5 公里远，没有铁路可通，只有一条雨季才有水的干河沟可行。后来日本修通承德铁路，这座坟就在铁路边上了。再后来，原铁路路基改为公路，这座墓又在公路边上了。

“一将功成万骨枯”，只有经历了那些黑暗的过去，才会更加明白现在生活的来之不易。惨烈的战役，让这么多的将士永远地留在了这块土地上。而他们拼命守护的土地与人民，也决不会让他们死后仍饱受折磨，不得安生，古北口的人民，将会世世代代守护着英灵的墓。

宛平城头忆烽火
卢沟桥上闻狮吼

苏　杭[①]

北京西南的卢沟桥1192年建成，全长266.5米，桥面宽7.5米，桥身最宽处可达9.3米。桥身左右两侧石雕护栏各有望柱140根，柱头上均雕卧伏的大小石狮约500个，神态各异，栩栩如生。有桥墩10座，下分11个涵孔，整个桥体都是石结构，关键部位均由银锭铁榫连接，迄今它经历800余年仍结构坚固，成为我国华北地区保存最为完整的联拱石桥。卢沟桥自建成后一直是军事要地，成为北京重要的西南门户。

民国年间，石桥北侧，与卢沟桥平行修建了平汉铁路；石桥之东，紧接宛平县城。宛平县城是我国华北地区唯一保存完整的两开门卫城。明王朝为保卫京师，于1640年修建此城。1937年7月，日本侵略者在这里制造了震惊中外的卢沟桥事变（亦称七七事变）。卢沟桥事变，既是日本帝国主义全面侵华战争的开始，也是中华民族进行全面抗战的起点。

1937年的卢沟桥

事情的起因是这样的。早有预谋的驻丰台的侵华日军，经常在卢沟桥一带进行“军事演习”，1937年7月

① 作者：苏杭。工作单位：中国人民抗日战争纪念馆。

7 日下午，河边正三旅团第一联队第三大队第八中队，由中队长清水节郎率领到达卢沟桥以北龙王庙附近。当晚，日军在龙王庙、大瓦窑一带进行演习。10 时许，宛平中国守军第二十九军第三十七师第一一〇旅突然听到城东北方向响起枪声，便严密注意日军的动态。夜 12 时许，日本驻北平特务机关长松井太久郎给冀察政务委员会外交委员会打电话，诡称：有日军陆军一中队，夜间在卢沟桥演习，仿佛听见由驻宛平城内之军队发枪数响，致演习部队一时呈混乱现象，失落士兵 1 名，要求进入宛平城搜索。

二十九军军部拒绝了日军的无理要求，并答复说：卢沟桥是中国领土，日本军队事前未得我方同意在该地演习，已违背国际公法，妨害我国主权，走失士兵我方不能负责，日方更不得进城检查，致起误会。7 月 8 日晨 2 时许，日军由丰台增派的部队在第三大队队长一木清直率领下与清水节郎部会合，按计划占领了宛平城东北的沙岗。冀察当局为防止事态扩大，同意双方派员前往卢沟桥调查。中方委派宛平县长王冷斋、冀察政务委员会外交委员会专员林耕宇、冀察绥靖公署交通处副处长周永业与冀察绥靖公署日本顾问樱井德太郎、日军辅佐官寺平忠辅和秘书斋藤进行谈判。晨 5 时许，双方尚在交涉中，日军即下令向卢沟桥一带的中国军队发动攻击，并炮轰宛平县城。在全国人民抗日热潮的推动下，中国守军第二十九军第三十七师第一一〇旅奋起抵抗，揭开了全国抗战的序幕。他们表示“愿与卢沟桥共存亡”，“日军要求我军撤出卢沟桥，则有死而已，卢沟桥可为吾人之坟墓”。吉星文团连续击退日军 3 次进攻。日军第三大队直扑龙王庙和附近的铁路桥，守卫桥头阵地的二十九军只有两个排。他们表示“宁为战死鬼，不做亡国奴”，同日军展开拼杀，终因寡不敌众，60 多名战士壮烈牺牲。日军也在河堤上丢下了上百具尸体。7 月 8 日夜 12 时许，吉星文团突击队的青年战士用绳梯从宛平城墙缒下，出其不意地将日军一个中队全歼在铁路桥上，夺回了铁路桥和龙王庙，军心为之大振。

驻守宛平县城的第二十九军士兵跑步进入阵地

卢沟桥事变后的第二天，

失陷后的宛平城门

中共中央发表《中国共产党为日军进攻卢沟桥通电》，指出："平津危急！华北危急！中华民族危急！只有全民族实行抗战，才是我们的出路！"号召全中国同胞、政府与军队团结起来，筑成民族统一战线的坚固长城，抵抗日寇的侵略！同日，毛泽东、朱德、彭德怀等致电蒋介石，表示红军将士愿意为国效命，与敌周旋，以达保土卫国之目的。要求本着"御侮抗战之旨，实行全国总动员，保卫平津，保卫华北，收复失地"。同时，红军将领致电宋哲元，表示"誓做贵军后盾"。北平中共地下组织发动各界同胞援助二十九军抗战。中华民族解放先锋队、华北各界救国联合会、北平各界救国联合会的代表赴前线慰劳抗日官兵；青年学生参加情报、募捐、救护等工作，并组织战地服务团；长辛店的工人运送枕木、铁板和铁轨到宛平，修筑阵地；郊区农民为前线输送粮食、饲料、燃料和民工。人民群众的支援，激发了二十九军广大官兵的抗日热情。

至今，卢沟桥的望柱以及宛平城城墙上，当年日军的弹痕犹斑斑可见。1961年国务院将卢沟桥和宛平城列为第一批国家重点文物保护单位。"卢沟桥事变"标志着中华全民族抗日战争的开始，从此，中国人民团结了起来，在中国共产党倡导的抗日民族统一战线下，前仆后继，英勇斗争，终于打败了日本侵略者。同时，抗日战争也使中国战场成为世界反法西斯战争中的一个重要战场，为世界反法西斯战争的胜利做出了卓越的贡献。

正如《人民日报》在全民族抗战爆发77周年纪念日时发表的社论《历史悲剧决不允许重演》中所言："光明前进一分，黑暗便后退一分。一个没有历史记忆的国家，是没有前途的。77年过去，历史的伤痕还在，历史的警示还在，历史的教训还在。中国有句古话，'好战者必亡'，正义战胜邪恶、进步战胜反动、光明战胜黑暗，这是人类社会的普遍规律。谁违抗它，就会受到惩罚；谁尊重它，才能开创未来。"

警示战火的守护神
——回龙庙鸱吻的如炬目光

王梦楠 ①

提起打响北平抗战第一枪的卢沟桥七七事变，人们更多想到的是目睹数百年荣辱沉浮的卢沟老桥，然而在卢沟桥北侧，还有一段并不起眼的铁路桥，是京汉铁路中的一段，至今仍在发挥着铁路运输的作用。

这座外表普通，甚至略显老旧的铁路桥的桥头，曾经有一座回龙庙，是七七事变中战斗最激烈的地方，曾经经历了北平人民轰轰烈烈的抗争。

回龙庙始建年代不详，此庙在建筑结构上有一处不同于其他寺庙，即钟鼓楼在寺庙院墙外面。通常的寺庙建筑，钟鼓楼位于大殿左右两侧，一般不会将钟鼓

第二十九军士兵在卢沟桥上抗击日军的进攻

① 作者：王梦楠。工作单位：北京燕山出版社。

回龙庙大殿屋脊上的鸱吻

楼置于寺庙之外。因此据推测，回龙庙在历史上应该经历过一次修建，在修建中，缩小了院墙范围，从而将原来的钟鼓楼划到了墙外，形成独特的建筑特色。

现在我们已无法见到回龙庙的身影，它毁于七七事变的战火之中。但是回龙庙大殿屋脊上的鸱吻，却因机缘巧合保存了下来。鸱吻是中国古代建筑中常作为屋脊装饰的神兽之一，它不仅具备装饰作用，还具备丰富的象征意义和文化内涵。鸱吻生性好吞，总是张着大嘴，并且喜好东张西望，因此鸱吻一般被放在屋脊的最末端，张开的大嘴咬住屋脊末端，警觉地观望，人们赋予了鸱吻能够侦探火情、预防火灾等美好的寓意。回龙庙大殿屋脊上的鸱吻，是由民间抗战文物收藏家朱燕君老师，以丰厚的学识和对抗战文物收藏的热忱，在朋友家的矮墙中发现的，由于朱老师的发现和保护，才使得这件见证了七七事变最激烈战役的文物得以存留到现在。

七七事变发生的时候，日军占领了回龙庙，将其作为自己的据点，当时奋力抵抗的第二十九军大刀队，趁着深夜，派出了13名大刀队成员，潜入回龙庙。二十九军大刀队的队员们，手握着改良后的双面刃大刀，每个人都是满身武艺，一身肝胆，大刀挥舞起来虎虎生风。大刀队名声在外，近身战，日军根本不是对手。13名勇士在回龙庙，一气连杀多名日本士兵，重创了日军，给了侵华的日军当头一棒，也大大鼓舞了国人的士气。然而气急败坏的日本侵略者，哪堪这般折辱，

日军炮轰宛平县城

对我方军民发起了疯狂的报复，他们连夜从城内调来大炮，竟然炸平了回龙庙，也断送了13名大刀队勇士的生命。第二天，日军将13口雪白的棺材列在回龙庙前面，向英勇抗战的二十九军战士示威。这13口棺材，虽然让人痛心，但是二十九军的战士将这股仇恨化成对日军的怒火，与日军展开了激烈的交战。回龙庙虽然已被炸毁，但是它作为七七事变中最激烈战斗的见证地之一，记录着烈士用鲜血书写的勇气和神武。据大刀队的老兵回忆，日军对大刀队闻风丧胆，根本不敢在大刀队面前嚣张，大刀队无论在武器的使用上，还是武艺的高下上，都远远胜过日本士兵，一个大刀队队员对付两三个日本士兵轻而易举。无奈日本士兵用上了杀伤力更大的火炮，使得大刀队占了下风。

看着回龙庙仅存下来的、警觉又严厉地望着远方的大吻，顺着它的目光，我们似乎也看到了那段战火纷飞的历史，看到了那悲壮惨烈的抵抗。这中国古代传说中的神兽，在屋脊上镇守一方，监视着火情，不料却真的目睹了北平大地的战火，它所镇守的回龙庙已经在日军炮火下毁于一旦，这只大吻却仍然完整地保留了下来，它寓意着，北平人民不会被战争击退，仍然会坚毅勇敢地守卫家乡！

大刀队的英勇战士虽然牺牲了，但是你们的功名永存；回龙庙不在了，今日的卢沟桥一带恢复了宁静和平，但是就如这只回龙庙大吻的目光一样，历史的记忆永存，抵抗侵略者、不容外人践踏的威严永存。

文物小档案

藏家：朱燕君先生（民间抗战文物收藏家）

流转经过：此件文物源于卢沟桥附近被日军轰炸的回龙庙残骸，此鸱吻构件最初被一户人家、也是朱先生的邻居所得，被砌入自己院墙，后经朱先生发现，将鸱吻构件取回保存。

故事讲述：朱燕君先生

史料考证专家：中国人民抗日战争纪念馆研究员 张量先生

歌咏其义　以长其言
——重唱《卢沟桥歌》

陈　雪①

誓与卢沟桥共存亡

人表达其自身的工具，除了语言，还有音乐。相比语言明确地指向意义，音乐，往往依靠旋律便能产生震撼人心的力量，引起人内心深处的共鸣。它是人类向这个世界表达意志的另外一种强有力的方式，无论在任何地方，任何时期，音乐，都不会缺席。当我们回首抗日战争年代的峥嵘岁月，会发现，那一首首被广为传诵的抗战歌曲，曾激励了无数的抗日军士，义无反顾地走上保家卫国的战场。如今，我们老歌重唱，那恢宏的气势，仍能让我们感受到战场上的金戈铁马。

世人都知《大刀进行曲》与“卢沟桥事变”，却不知有《卢沟桥歌》。我们用了无数的文字，写了足够长的篇幅，事无巨细地去描绘当时战役的经过与惨烈，描绘中国守军的英勇抵抗，而这一首歌，歌词虽只有寥寥数语，却涵盖了所有我们想传达的内容——战役的惨烈与重要、为国捐躯的决心，其歌词，就是战士们用生命写就的热血篇章。

① 作者：陈雪。工作单位：北京燕山出版社。

卢沟桥！卢沟桥！男儿坟墓在此桥！
最后关头已临到，牺牲到底不屈挠；
飞机坦克来勿怕，大刀挥起敌人跑！
卢沟桥！卢沟桥！国家存亡在此桥！

卢沟桥！卢沟桥！男儿坟墓在此桥！
委屈忍痛和平保，无可避免上刺刀；
自卫应战理气壮，挺剑而起是今朝！
卢沟桥！卢沟桥！为国争光在此桥！

卢沟桥！卢沟桥！男儿坟墓在此桥！
豺狼入室露牙爪，南北驫突真逍遥；
快快拼起民族命，最后胜利是吾曹！
卢沟桥！卢沟桥！立功报国在此桥！

这首歌的曲调是用五线谱写成的钢琴曲，气势磅礴。将如此简洁有力的歌词

二十九军大刀队

搭配曲调唱出，仿若天地间的一声惊雷，瞬间将我们拉回了当年的战场：敌人嚣张地践踏在我们的土地上，狼烟四起，侵略的野心暴露无疑，而卢沟桥的守军，誓与此桥共存亡，挥起大刀，凭着血肉之躯，杀向敌人的飞机坦克，卢沟桥已是他们的坟墓，也定要成为敌人的葬身之地，叫他们有来无回！这首歌淋漓尽致地表现出了二十九军将士们的抵抗气势，活灵活现的战斗场景，誓死抵抗的决心，以及喋血沙场的英雄气概。

《卢沟桥歌》

毋庸置疑，《卢沟桥歌》是以卢沟桥事变为启发而写就的歌曲。词曲作者，面对国土沦陷，面对军人们视死如归守卫疆土的悲壮，内心该是何等的悲愤。或许他们手无缚鸡之力，不能横刀立马，杀向战场，只能以音乐的形式，表达他们内心对敌人的愤怒和对军人们的鼓舞。这样一首歌，并不能被用作武器在战场上消灭敌人，但它起到的鼓舞人心的作用，却抵得上千军万马。

战火与硝烟已过去，《卢沟桥歌》也随之湮没于人们的视线中，长达半个世纪之久。直至1985年，中国人民大学历史系教授武月星在图书馆查阅资料时，才偶然在东北图存出版社于1937年出版的一本《卢沟桥血战记录》中发现了它。他立即为其打动，并在他的著作中两度刊登这首歌。终于，在纪念抗战胜利50周年之际，这首歌引起了北京市档案馆同志的注意，它才终于回到了人们的视野中。

经过武月星教授的考证，"《卢沟桥歌》的创作时间应当在1937年7月17日'庐山谈话'之后到7月28日南苑作战之前。歌词的创作者关心国家命运，文化水平相当高"。因为"南北隳突真逍遥"句中的"隳突"是古词，一般很少为人所使用。唐柳宗元《捕蛇者说》有"悍吏之来吾乡，叫嚣乎东西，隳突乎南北，哗然而骇者，虽鸡狗不得宁焉"句，《卢沟桥歌》的词作者"巧妙地把'隳突乎南北'改为'南北隳突'，既符合歌词音韵要求，又突出了日本侵略者横冲直撞破坏抢掠的行为"。对于曲作者，中央音乐学院梁茂春先生认为其也是有一定的作曲功底的："曲调是七声音阶的降B大调式，很雄壮，很对称，是西方进行曲风格的曲调，歌曲前后呼应，作曲技法比较熟练，略显简单；歌曲还带有钢琴伴奏谱，虽然技法非常简单，但是有一定的艺术效果。"遗憾的是，由于时间久远，已无法确证该歌的词曲作者，但他们留下的如此震撼人心的作品，却会被人传唱下去。

《卢沟桥歌》唱出了卢沟桥的抗战精神，今日，我们能够以一种和平安详的心态，走在卢沟桥的桥面上，但不能忘却的是那一段惨烈的历史。我们要高唱着抗战老歌，永远地记住那些在抗日战争中付出生命的先烈，永远地记住那段屈辱的历史，记住历史的教训，这样才对得起那些永眠于地下的英灵。

闻名遐迩的二十九军大刀与大刀队

张英秋[①]

在中国人民抗日战争纪念馆的展厅里，在反映卢沟桥事变的展柜中，陈列着许多当年的抗战文物，其中二十九军官兵使用过的几把大刀格外引人注目。因为二十九军的大刀队在长城抗战及卢沟桥抗战中发挥了巨大作用，杀出了军威，后来久唱不衰、振奋人心的《大刀进行曲》就是根据二十九军将士英勇杀敌的事迹创作的。

九一八事变后，日本侵略军迅速占领了东北三省，继而又妄图侵占整个华北。中国军队以长城为阵地，抗击着武装到牙齿的日军。就在敌我双方阵地争夺呈拉锯战，我方与敌人短兵相接之时，二十九军的大刀发挥了威力。一天午夜时分，我军将士趁着夜色奇袭了敌营。他们摸进敌营后，不打枪不投弹，只管抡起大刀，像切西瓜似的一刀一个，四下里只听“喊哩喀喳”的刀砍声，不到一个时辰，100 多个鬼子全都做了刀下鬼。……二十九军大刀队让日军吓破了胆，他们马上制作铁围脖护在颈上，以免被砍了头，不过，厚重的铁围脖大大削弱了日本兵的战斗灵活性，使得他们伤亡更加惨重。后来为了减轻重量改成了皮的，老百姓戏称之为“屁帘”。

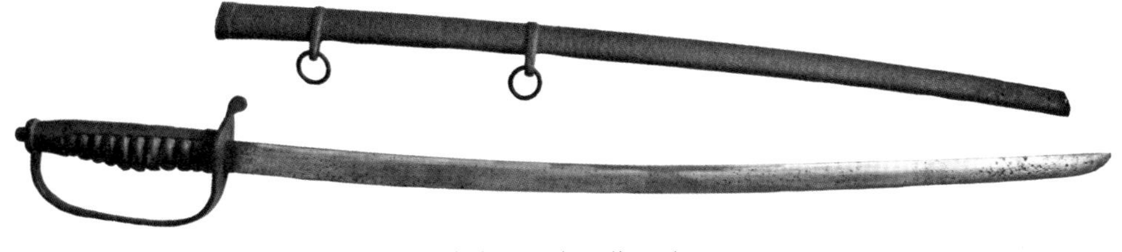

二十九军军官所使用的刀

① 作者：张英秋。工作单位：中国人民抗日战争纪念馆。

展示大刀使用方法的李尧臣

为什么二十九军的大片刀有如此神威呢？原来，二十九军的何基沣副旅长曾赴淞沪考察过军事，当他看到日本军队的武器装备后，感触很深。他认为，当今的战争远非当年可比：第一，今日作战的对象是日本军队，不是旧时的军阀土匪；第二，日军武器精良，训练有素，飞机、大炮、战车大批投入战场，就连机关枪的射速也比以前大为提高。中日两军都以非自动武器为主，日本军人崇尚武士道精神，自恃技术过硬，近距离拼刺刀时还把子弹退出，所以肉搏战经常发生。打击日本强盗，要扬我之长，击敌之短，主要靠近战、夜战、山地战，发挥短兵器、冷兵器的长处。这样，大刀就成为首选之装备。

中国军队刺刀产量不足，刺刀虽小也非得由工厂机械生产不可，因为有相对标准的形式，造型统一，工艺较为精致，有的还经过了电镀处理。而大片刀在铁匠铺里就能打造，只是质量糙点而已，国民支援抗战的慰劳品中就有各地铁匠铺所锻造的形式多样的大刀。

为了在近战中充分发挥大刀的威力，在军长宋哲元的支持下，从各师挑选出了300名精壮士兵组成大刀队，副军长佟麟阁特请李尧臣到部队中去教授大刀的砍杀使用技巧。李尧臣根据大刀的特点创编出一种套路，起名为无极刀。这是经过他精心设计的：它的长短与宝剑相仿，长约1米，刀面不像传统的砍刀那么宽，而比剑体略宽；传统的刀是一面开刃，无极刀的刀头却是两面开刃，接近刀把的地方才是一面开刃；为了方便士兵使用时容易用力，无极刀的刀把长8寸至1尺，可以两只手同时握刀砍向对方。无极刀的刀法在于：出刀刀身下垂刀口朝自己，一刀撩起来，刀背磕开步枪，同时刀锋向前画弧，正好砍对手脖子。因为劈、砍是一个动作，对手来不及回防就已经人头落地了。

二十九军使用的大刀，有自己的标准样式，为了能够挥舞自如，整个刀的重量适中，刀背最厚处达 7 毫米，铜护手，把子上缠的布多是当时中国军队蓝灰色军装的粗布。

大刀一般 7 斤重，专门设有磨刀工，在精通刀法的武术教师的精心指导下，二十九军官兵通过刻苦训练，最终都成了砍杀日军头颅的高手。

我们采访过 91 岁的原二十九军老兵刘思远，当他回忆起当年的战斗情景时，仍然带有蔑视日军的口气。他说：“我是山东人，卢沟桥战斗那阵儿，我身高体壮，年轻气盛。我 1936 年进二十九军以来，每日坚持严酷的军事训练，我抡起二十九军的大片刀，那是呼呼生风、嚓啷啷作响！即使是 3 个日本鬼子也近身不得！尤其是近战、夜战，我们二十九军的大片刀更让侵华日军闻风丧胆！”七七卢沟桥全民抗战爆发时，宛平城内男人扛炮弹，女人烙大饼，农民用成堆的西瓜慰劳英勇抗战的二十九军官兵。

提起大刀队的英勇，老兵金振中后来回忆说：“在铁路桥激战时，19 岁的大刀队员陈永一个人就砍死 13 名日本兵，生擒一个。那日本兵魂飞魄散，跪地求饶。集合号响，大刀队员仍不集合，四处可见举着大刀追赶日本兵的血人。”

民众慰问二十九军

经过李尧臣改良的无极刀

现已过世的当年学兵傅锡庆回忆南苑激战时，说：“我们都亮出大刀和鬼子拼杀，一个鬼子向我刺来，我当时左手提着机枪，右手握着大刀，猛回头和鬼子打个照面，白光一闪，他枪刺已扎向我右肋，说时迟那时快，我抡起大刀将鬼子斜肩带背砍死在地上，溅了我一身血。”

平津失陷后，二十九军编入了三十三集团军序列，其后在台儿庄战役中重创了敌军。直到1940年枣宜会战，仍人手一把大刀。后来由于装备好了，大刀使用频率才降低。可以说，二十九军自始至终是抗战铁军，是抗战时间最长的部队之一。二十九军大刀队闻名遐迩，在抗战中沉重打击了日军的嚣张气焰，使全国人民的抗日热情为之一振。

1937年作曲家麦新在创作抗日歌曲时，根据二十九军大刀队英勇杀敌的事迹，创作了一首鼓舞全国人民士气的经典歌曲《大刀进行曲》：“大刀向鬼子们的头上砍去！二十九军的弟兄们，抗战的一天来到了……”

随着抗日战争的全面展开，《大刀进行曲》中“二十九军的弟兄们”，改成了“全国武装的弟兄们”。“大刀向鬼子们的头上砍去”成了一个民族在危亡中发出的呐喊。

烽火一文字山

陈　雪①

“因白天行动困难，而延期实施原来计划……日落后才开始行动，晚十一点半集结在一文字山东北侧……”在日军清水节郎的“战地笔记”中，他对卢沟桥事变有着如此字样的记载。跨越将近一个世纪的时间，我们似乎依然能隐隐闻到那隐藏在字里行间的硝烟的味道，看到那集结在“一文字山”北侧的惶惶人影。而位于宛平城东门外的那处原本名不见经传的沙丘，也因为这场战争，而有了另外一个名字——一文字山。

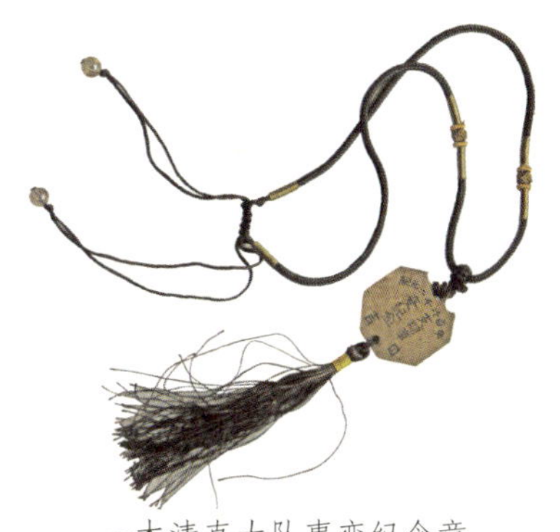

一木清直大队事变纪念章

所谓“一文字山”，不过是一处由长年飞扬的沙土沉积而成的坡岗，一处荆棘丛生之地，当地百姓朴素地唤其为大枣园或者干脆直白地称之为沙岗。站在沙岗之巅，可以一览无余地看到宛平城，如若未经历过战争，立于此处，看夕阳下的城墙，该是何种美景。然而，这样的平静，终被战火打破，被打上炮火的烙印。

因其是宛平城外唯一的一处制高点，无可避免地成为日军的一个重要的阵地，当日本侵略者站在这个高地，望向宛平城的时候，眼里充斥的怕只是赤裸裸的野心与欲望。为了方便演习，日本人，具体地说是一木清直，便随意地将其命名为“一文字山”，因为这处沙丘从外形看，就像是一个横卧着的“一”字般。卢沟桥事变前，“一文字山”是日军的演习场所，事变时，这里又设有河边正三旅团的指挥所，而那轰向宛平城的隆隆炮火，亦是从这个地方发出的，现在，在宛

---

① 作者：陈雪。工作单位：北京燕山出版社。

平城东墙上，仍可清晰地看到炮弹留下的弹洞。

一木清直对这块高地非常满意，他曾站在日军战斗指挥所外面的一个沙丘上，扬扬得意地说：“一文字山，是大大的有功劳的小高地！”话语间隐藏着狂妄，以及不可一世。卢沟桥事变后，日军陆陆续续在宛平城周边交通要道建立了很多碉堡，当然也少不了这个有着“大大功劳”的小高地。如今，在“一文字山”上还能看到两座碉堡的遗址，一座在山南侧，一座在山北侧，均为水泥浇筑，形制相同。碉堡平面呈马蹄形状，在圆弧面开有枪孔，碉堡内枪孔下部原有架设机关枪的托架。作为抗战遗存，两座碉堡已被列为文物保护起来。

攻下宛平城后，另一位卢沟桥事变的罪魁祸首河边正三，也曾站在“一文字山”上不可一世地说：“对于一文字山这个炮阵地，帝国不会忘掉的，我们会在这儿建起纪念碑的。”河边果然说到做到，没过多久，“一文字山”上就立起了一块木质的碑，上书“一文字山支那事变发端之地”，以此来感念这块沙岗为他们发动的战争所做出的“卓越贡献”。也许是觉得木质碑还不足以表述他们这种

一文字山南侧碉堡

狂妄的野心，后又将其改为石质，每年7月7日，驻北京的日本人还要在这里召开纪念会。当日军在中国的土地上横行时，这石质纪念碑，宛如一根刺，插入广大中国人民的心中，一旦日军战败，国人便迫不及待地除之而后快。张恨水先生在其《履耻山》一文中，明确记叙了这段历史："横山之巅，日寇立有尖碑，纪曰华北战役之发祥地云云。碑与基地，悉于胜利后，摧裂扑地。盖国人愤而出此者。山下南面筑有一石砌平台，为八年来纪念讲演处，其前有一片广场，场端立石墩二，作假门。"

如今，取代这耻辱的"圣战纪念碑"的，是中国抗日英雄的忠骨造就的纪念碑。抗日战争胜利后，抗日英雄赵登禹和在卢沟桥事变中阵亡的将士的遗骨，被迁葬于此地，永远地守护着他们拿生命赢回的这片土地。时间轮回，唯有沙岗静默无言，当年曾站在这座沙岗上幻想征服"支那"的日本军官——河边正三、一木清直、清水节郎等，一定不会想到，那石质的纪念碑，终将化为尘土，湮没于历史的尘埃之中。而他们曾对中国人民犯下的罪恶，却将被永远铭记在一代又一代的中国人心中，不敢遗忘，也不会遗忘。

一文字山上之"忠魂碑"

黑山扈战斗纪念碑

陈　洋[1]

在北京市海淀区百望山上，有一座三层楼高的望京楼，顾名思义，望京楼就是遥望京城的楼阁，望京楼上刻有一副对联："观水观山观气象，望东望北望京华。"正如对联所说，这里是饱览京城胜景的好地方。踏进望京楼，黑山扈抗日战斗纪念碑映入眼帘。碑文记述着78年前，发生在黑山扈的一场振奋人心的战斗。

1937年卢沟桥事变，中国进入了全民族抗战。全国各地的人们纷纷加入抗战的队伍，国民抗日军就是这样一支人民抗日武装。当时，赵侗、高鹏、纪亭榭三人同为东北大学学生，九一八事变后，曾在东北加入东北抗日义勇军。后来三人进入关内，来到北京，组建了一支抗日武装。他们用张学良通过东北救亡会给予的4000元，购买了17支手枪，然后将这些枪偷运到清华大学，偷偷藏在赵侗的亲戚沈海清（化名林一民，共产党员）的宿舍内。

7月18日，三人联络了30余人一起抗日，除纪亭榭因购买的机枪尚未到手，留在城里继续等枪支外，其他人分成两组。一组由赵侗、高鹏带领混出西直门，从清华大学取出枪支，徒步前往昌平白羊城；一组由宋鸣皋带领乘坐火车至昌平南口下车，再徒步转向白羊城。当晚，两路人马在白羊城村汤万宁家会齐，汤万宁、汤玉瑗、王士俊取出当地保卫团的10多支步枪，连同从城里带出来的17支手枪，将全体人员武装起来。7月22日，他们在该村的关帝庙前宣布成立国民抗日军。

1937年9月5日，国民抗日军在昌平三星庄村召开全体人员大会，正式定名为国民抗日军，重新任命了军政委员和各级领导。在成立大会上，部队还制作了

---

① 作者：陈洋。工作单位：中国人民抗日战争纪念馆。

军旗：红色旗帜，白色旗裤，上书“国民抗日军”5个字。战士们领到红、蓝两色袖标，红色在上表示战斗，蓝色在下表示祖国山河。国民抗日军以青年学生为主体，又被称为“学生军”。从此，“学生军”“红蓝箍”在平郊群众中闻名遐迩。

黑山扈战斗是国民抗日军成立后的首战，也是日军占领北平后遭到的第一次沉重打击。百望山属太行山余脉，是太行山延伸到华北平原最东端的山峰，主峰海拔210米，突兀挺拔，与黑山头、韩家山鼎立相望，有“太行前哨第一峰”之称。黑山扈位于百望山东端山脚下，是从西直门去温泉、阳坊、南口的交通要道，距当时日军的青龙桥据点只有3公里，是日军控制和把守的要地。

1937年9月7日这天，据情报人员报告说，黑山扈的法国教堂内藏有枪支，为了筹集武器，当时在温泉北三星庄的国民抗日军立即决定到教堂让洋人献款献枪。次日拂晓，国民抗日军来到天门沟，把教堂团团围住。部队负责人到教堂集合法、德、比、荷等几个国籍的传教士进行交涉，令其交出枪支。但洋人态度很强硬，还诡辩道：“教堂圣地哪有什么杀人武器？”国民抗日军便开始强行搜查，此时一个洋人暗中打电话给日本人，请求保护。上午10时左右，日军派出一个中队的兵力，分乘两辆军车，向国民抗日军发起攻击。没有想到日军很快就被击退。敌人不甘心失败，又于下午2时组织六七十人，从红山口南山一带分成几路，向国民抗日军再次发动进攻，可刚下山头就被二总队打了回去，伤亡数人。日军再也不敢贸然前行，只得据守山头与我国民抗日军对射，甚至连离得远一点的一具尸体也不敢运走。为打破对峙局面，二总队派大队长杜雄飞带领两个中队，从山脚绕过包抄敌人后路。敌人只得一面应战，一面急速转移到另一个山头。突然，从北平方向飞来4架飞机，低空盘旋侦察，驾驶员清晰可见。原二十九军的一个副连长，当时为国民抗日军排长的苏家顺端起轻机枪就打，周围的战士也一齐举起步枪来打。只见一架飞机翅膀摇晃着，紧接着一声轰响，飞机带着一团烟雾坠毁在清河附近的农田里。这是第一次击落日军飞机，首创民众抗日武装用轻武器击落日军飞机的战绩。到了傍晚，日军从颐和园方向又开来了大批援军，先用炮火向天门沟山头乱轰一阵，待他们的军车赶到战场时，我军已经安全转移了。但不幸的是，杜雄飞大队长在这次战斗中牺牲了。

黑山扈战斗，共歼灭日本侵略军60余人，击落敌机一架，这样的胜利在国内外都产生了很大的影响。9月10日，北平《益世报》大字标题做了报道："八日圆明园北黑山扈附近，马连湾地区发现二三百名武装土匪，八日下午派四架飞机轰炸，九日黎明向西逃去。" 9月11日又发专讯再次做了报道，连续两次从反面报道了黑山扈附近的这次战斗。在巴黎出版的由共产党人吴玉章主办的《救国时报》也分别于1937年10月26日、1938年1月31日，两次以大量篇幅报道了国民抗日军的事迹，指出国民抗日军"义声所播，民气大振"，是"北平近郊抗日的中心力量"。

为纪念国民抗日军的这次丰功，原参加过这次战斗的在京的一些老将军、老战士倡议对这次战斗立碑纪念，并请海淀区委党史研究室和西山试验林场负责完成此项工作。他们邀请杨成武将军题写了"黑山扈抗日纪念碑"作为碑额，碑文由原老游击队员严铁同志起草，史进前、王之力、纪亭榭等同志研究定稿，由周英鹏同志书写后镌刻成碑，镶嵌在百望山顶望京楼内。

第二篇章

国破山河在，城春草木深——日军的暴行

北平沦陷之后，日军全面控制了北平的政治、文化、经济各领域，对北平的社会生活造成极大的破坏。在日军的残暴统治下，大量的无辜平民和爱国志士惨遭荼毒，家破人亡。高压统治惨绝人寰，经济秩序崩塌致使民不聊生，对北平这座古都的文化破坏，更是让人痛心疾首。

故宫铜缸见证侵略

杨 涛①

但凡去过北京故宫的人，都能看到故宫大殿前、庭院中都摆放着一个个大铜缸，铜缸腹宽口收、容量极大，而且装饰精美，两耳处还加挂着兽面铜环。这些铜缸是当时故宫里的防火设施，人们时常在铜缸中注满水，以便在发生火情时就近取水灭火。

在清代，宫中的铜缸由内务府统一管理，每天一早，内务府官员便命令苏拉（满语：杂役）从井内汲水，一担一担地把所有大缸灌满。每年到了小雪季节，宫内的太监要在铜缸外套上一层特制的棉套，上面再加上厚厚的缸盖；同时，铜缸下面的汉白玉石基座里还要放置一盆炭火，并保证使其昼夜不息地燃烧着。这样，通过双重保暖措施保证缸内存水不结冰，随时可供救火使用。

从表面上看，铜缸只是简单的消防设施，与我们今天在博物馆里常见的灭火器、消防栓相似，但在当时的宫中，铜缸存在的价值并不仅仅局限于消防，同时它还是宫内大殿、庭院中不可或缺的陈列品。据《大清会典》记载，宫中共有大缸 308 口。这些铜缸制作精美且耗费巨大，以太和殿两侧放置的镏金铜缸为例，据乾隆年间《奏销档》记载：口径 1.66 米的镏金铜缸约重 1696 公斤，仅铜缸制造约合白银 500 多两，再加上铜缸上的 100 两黄金，需铸造费至少白银 1500 两。

作为故宫文物的组成部分，这些铜缸与紫禁城一起经历了数百年的风雨沧桑，无论是重大庆典，还是刀兵灾祸，抑或是朝代更替，它们都能够从容走过，岿然不动。但是谁能想到，在抗日战争时期，在日本军国主义的铁蹄下，它们却险些被送进熔炉，成为日本侵略者制造枪炮的原料。

---

① 作者：杨涛。工作单位：北京辽金城垣博物馆。

故宫铜缸

这个故事发生在1943年，当时抗日战争正处在战略相持的关键时期，敌我双方都耗费了巨大的人力物力，与战争有关的各种物资都十分紧张，急于扩大战果的日本侵略者，疯狂地掠夺占领区内的各种资源，为前线提供支持。铜、铁等金属是战争资源的重中之重，1943年8月，北京市日伪“华北政务委员会”发出通令，命令北平市所有官署团体、商业店铺及居民住户限期定额将铜类器皿上缴日伪“北平市金品献纳委员会”，以充军需，不得违令。故宫博物院同时接到通告，迫于日军淫威，在宫中各处收集了一批“废铜”，共计95公斤，送交到指定地点。但日军觊觎故宫铜制器皿多时，他们早已看中了宫中明处摆放的铜缸等物，进而具体提出：希望能够献纳铜缸等物。故宫博物院紧急磋商后，决定向“北平市金品献纳委员会”呈递信函，陈述铜缸等物为历史文物，回绝日军的要求。由于日本人早已借参观游览的机会几次来故宫暗中调查，对铜缸等物已了然于胸，绝不肯轻易罢休。在日方和伪政府的多次催促下，故宫博物院如不筹捐一些铜缸，恐怕难过此关。于是，院方派人拣出稍有破损的铜缸12口、铜炮6门，分别核定后列单呈缴“北平市金品献纳委员会”。

但日军要攫取的不仅此数，更不会就此满足，他们不急于运走这批铜缸、铜炮，而是先后派出日本陆军一四〇〇部队军官，偕同市内六区警察分局及“北平市金品献纳委员会”成员到故宫博物院视察，督促再献铜品。他们强调：北平市今年收集铜品额应为40万公斤，仅收些废铜难满此数，征收范围一定要扩大。专门负责征收铜品的日本人黑柳特别提到：故宫博物院的铜缸存数甚多，这是众所共见，现在只送来破损者12口，令日方“殊为失望”。黑柳亲自来到故宫，质问并威胁祝书元院长：故宫铜缸数目日军早已调查清楚，只有大量献出，以示协力，才可“不误军方需要”。日本人离开故宫以后，祝院长等担心日军一定不会就此善罢甘休，为防备日军强行闯入，殃及其他宝物，经过深思熟虑，商定对策：既然日方一再打铜缸主意，一再提出交纳铜缸为献品，“现则专就铜缸设法，以期避免其他觊觎”。随后组织人员将故宫所有铜缸清查统计分为3类。即：一、明清两代所造有款识者98件；二、虽然没有款识，但从铜色式样上可以断定为明代所造者125件；三、既无款识又不能断定其时代者

54件。祝院长与同人将这3类铜缸缮具清册，呈请上报，经“华北政务委员会”总务局局长彦德与祝院长共同审定办理呈复后，最终由政务会确定：第三类无款识无铸造年代的54件铜缸为上缴铜品。

1944年6月19日，“北平市政府社会局”及日军有关人员来到故宫博物院，用了5天时间，将54口铜缸及古物陈列所的3尊铜炮运出了故宫博物院。就这样，在北平市铜品献纳运动中，在日军的威逼下，为了保全珍品，故宫博物院忍痛牺牲少数，交出了铜缸等宝物。

然而事情并没有结束，1945年，日本侵略者又两次在北平征纳铜品充作军需，一次次将魔掌伸向故宫。抗日战争胜利后，故宫博物院院长马衡曾向南京国民政府报告：“本院（沦陷期间）被征用之铜品2095市斤外，计铜缸66口，铜炮1尊，铜灯亭91件……尚有历史博物馆铜炮3尊……系由北支派遣军甲第一四〇〇部队河野中佐于三十三年六月十九日运协和医院，该部队过磅后，运赴东车站，闻

故宫铜缸

系装车运往朝鲜。”

正所谓：“倾巢之下，安有完卵。”8年的抗日战争中，日本侵略者的野蛮暴行，给中国文物带来了前所未有的巨大损失。据国民政府教育部清理战时文物损失委员会（简称“清损会”）在战后编制的《战时文物损失报告表》和日本外务省文物财产局《中华民国掠夺重要文物总目》记载，抗日战争时期，日本侵略军累计劫掠、损毁中国公私文物、字画、艺术品、书籍、标本等超过3，607，074件，其中北平市（今北京市）损失公私书籍58.6万册，古物2800余件，碑帖2.1万余件。故宫博物院损失的66口铜缸只是其中的沧海一粟罢了。

今天，故宫博物院仍然保存有未被日军劫掠的明清两代铜缸231口，当我们徜徉在紫禁城中，面对这些历经劫难的铜缸，我们不禁更加痛恨日本侵略者的野蛮暴行，同时对故宫博物院前辈，面对日本侵略者时，巧妙应对，为保护中国文物而做出的不懈努力感到无比的敬佩。

参考文献

1. 北京博物馆学会主编：《北京博物馆年鉴（1912—1987）》，北京燕山出版社，1989年。

2. 童永纪：《日本侵略军强索故宫铜缸充军需》，载《北京档案》，2009年第9期。

3. 肖中：《故宫里的铜缸》，载《今日安报》，2008年8月29日第12版。

4. 韩文琦：《抗战时期日本侵占中国文物述论》，载《南京政治学院学报》，2012年第5期。

硝烟下的文物大迁徙

高 佩①

一说起故宫，人们都会想到北京。北京的故宫有着多重的文化意蕴。它历经了近600年的历史，目睹了中国的兴衰成败。它曾是两个朝代的皇宫，其本身就是规模宏大、保存完整的木质结构古建筑群，但同时又是收藏颇丰的博物馆。

可是，若再思虑一番，说起故宫，还会想起台北。自2008年7月4日，台湾开始对大陆居民开放旅游项目，赴台旅游便成了热潮。而且，行程的安排当中必然有台北故宫。实际上，这一参观的对象并不算是台湾土生土长的文化，它之所以具有如此大的魅力，恰在于人们对“国”的情愫。它收藏的文物，都是“国宝”。

故宫博物院

① 作者：高佩，中国人民大学哲学院在读博士研究生。

这些国宝来到台湾之前，还有一段“文物南迁”历史，发生在这段历史里的故事至今被人们述说着。

“文物南迁”，顾名思义，便是文物向南方转移。实际上，最初的转移只是往南至上海，后因战争缘故转移至祖国的西边大后方，这在许多亲历者的陈述中被称为“西迁”。但即便如此，迁移的地点相对于当时的北平来说，都算是南方。因此，提起故宫文物南迁，涵盖的应是先迁往上海、南京，后向西迁往四川等地，最后迁回南京的这整段历史。

1931 年，当时故宫博物院成立尚不足 6 年，却因这年的九一八事变而惶恐不安。九一八事变让日本的野心昭然若揭。若日本往南继续入侵至京津地区，战事一发，那么故宫里的文物便会遭到摧残。针对文物究竟是该继续留在北平，还是迁移他处，当时有不少争论。赞成南迁的人认为，文物是中华文明的遗产，在这之前，国家已经遭受过外来侵略，八国联军侵华对文物的破坏已经是惨痛的教训。不赞成南迁的人则因身份不同而有不同理由。普通的北平老百姓认为，这是弃城的表现，允许南迁就是承认家园即将丧失。为之发声的有鲁迅、胡適，甚至有故宫押运人马衡的儿子马彦祥。较为极端的是以周肇祥为代表的北平市民众保护协会。故宫工作人员经常接到“你是不是要担任押运古物的工作，当心你的命”这样的恐吓电话。另外，北平政务委员会本该致力于促成国宝的保护工作顺利展开，却提出拍卖文物来购买 500 架飞机用于抗战。几经波折，在当时故宫博物院院长易培基等人的努力下，文物南迁的计划才得以批准和实施。

文昌阁

提出文物南迁已经备受压力，真正的筹备工作开始了，具体的麻烦也就来了。故宫古物馆、图书馆和文献馆收藏了各种字画、玉器、铜器、瓷器、书籍等，在挑选上就颇费脑力。由于要长途跋涉，装箱更加成了问题。一开始，故宫打算节约经费使用旧木箱、旧棉花，并聘请了一批装箱工人。后来发现这几个方面都不可靠：旧木箱太脆弱，旧棉花“是用穿过的棉衣、不用的垫子，甚至婴孩尿垫”重新弹的，不仅气味难闻还没了弹性，装箱工人也不尽如人意。故宫方面于是购入全新的木箱和棉花，通过观察装箱工人以及景德镇捆扎瓷器的方法，开始自己装箱。有了经验之后，也指导国子监、颐和园等处的文物装箱工作。为了保护文物在迁移过程中不受损坏，工作人员想了各种办法。譬如，石鼓的装箱又让故宫人动了一番脑筋。石鼓作为人人皆知的国宝，存放在国子监，一共有 10 个，每个大概有 1 吨重。由于历史悠久，石皮上的字连同石皮与鼓身分离了。为了让运送过程不破坏石鼓的完整性，当时的装箱人庄严用绵性相对牢固的“高丽纸”，浸湿之后覆盖在石鼓上，通过棉花按压让纸张贴合石鼓。纸干了之后牢牢包裹住石皮和石鼓，纸外再包两层棉被，且用麻辫捆扎紧实，整个放进木箱里。箱子内还用稻草塞严实，箱子外包上铁皮条。

1933 年 2 月 6 日凌晨，从紫禁城到车站全面封锁，第一批故宫的文物由人力板车运出，装载上了驶向南京的火车。文物在南京浦口停留 1 个月之后，终于在上海法租界天主堂街的库房里得以存放。随后 4 批文物相继从北平运出，5 批共 19，557 箱。1936 年 12 月，南京修建了新的文物保管仓库，文物因此从上海转移到南京。孰料，入库未足一年，七七事变爆发，迫使文物向大西方分三路疏散。刚往西迁移文物没多久，南京便沦陷了。西迁分为三路，其中南路的 80 箱文物从南京出发，经汉口、长沙、贵阳最后到达安顺才得以安放。中路的 9331 箱文物经汉口、宜昌、重庆、宜宾最后到达乐山。北路的 7288 箱文物经徐州、郑州、西安、宝鸡、汉中再到四川峨眉。

文物每到一处，都费尽周折，而且还未落定，炮火又随即追来。譬如，南路一段途经长沙时，最初将文物存放在湖南大学图书馆地下室。时任故宫博物院院长的马衡想在岳麓山爱晚亭附近开凿一个山洞存放这 80 箱文物。但是挖洞的工

颐和园

岳麓山爱晚亭

作还没能启动，1937年11月24日，日军就开始轰炸长沙火车站，文物不得不继续西移。没多久湖南大学图书馆就被炸成了废墟，爱晚亭边也遭轰炸。或者，好不容易挖好了存放文物的山洞，结果发现新开山洞太潮湿，只能在搬进去可能会让文物受损、不搬进去可能会遭受轰炸之间做着艰难选择。

三路当中，属北路最为艰难，且不说前往汉中时候，时逢冬季，翻越秦岭时遭遇大雪，货车运送困难。运往成都时，要么没车可用，要么有车也得面对“蜀道难，难于上青天”。最终，足足耗费了10个月时间才将文物全部运达目的地。可是随即成都机场遭到轰炸，文物只能往峨眉移动。押运人那志良回忆说，从峨眉返回的回程车，有两次翻了车。一次翻倒在稻田里，司机和随行人员直接从泥地里爬出来；另一次为避让路人，货车直接冲进了田里。运送文物时，也有一次，货车从桥上翻车到河里，好在车上都是些文献馆的档案图书，抗摔，而且当时河流较为干涸，虚惊一场。

故宫的文物在历经颠簸之后，终于找到了藏身之地。这离不开所到之处政府、军队和人民的支持，但更离不开故宫人的尽忠职守、心思缜密，以及面对艰苦恶劣环境还能泰然处之的精神。他们与故宫文物共命运，甚至把文物视为比自己生命更为宝贵的东西来对待。南迁之路，遥远艰辛，在缺乏食物时，他们戏谑自己所食夹杂着谷壳稗子和石粒的饭是“八宝饭”。另外，为了防潮、抵制白蚁侵蚀，他们定期检查和晾晒文物，却也和孩子们一同玩说出朝代、画家和画作的“名画接龙”游戏，苦中作乐。

对于文物能如此大规模而又完好地迁移，故宫人把这归结为“古物有灵”。不过，也许我们现在欣赏这些保存完好的文物，触碰到的，不只是它们的灵气，还有这段艰难的抗日战争史，以及那批致力于保存我中华之灵气的故宫人的坚守。

参考文献

1. 野岛刚：《两个故宫的离合　历史翻译下两岸故宫的命运》，上海译文出版社，2014 年。

2. 那志良：《典守故宫国宝七十年》，紫禁城出版社，2004 年。

3. 那志良：《我与故宫五十年》，黄山书社，2008 年。

4. 孟国祥：《大劫难　日本侵华对中国文化的破坏》，中国社会科学出版社，2005 年。

抗战时期遗失的“北京人”头骨

高小龙①

周口店遗址大门

在北京西南房山区周口店镇西侧约1公里处有一座属太行山边缘的小山，旧时因当地百姓一直在山上采集中药龙骨，所以又称龙骨山。这座原本无名的小山在20世纪初却震惊了世界。这个故事还得从一名叫安特生的瑞典人讲起。

安特生是一名地质学家，1914年受邀来中国任北洋政府矿政顾问，协助中国开采煤矿并进行矿产调查。安特生有个特别的个人爱好，喜爱采集古动物化石和考古。一个偶然的机会使他同周口店结下不解之缘。1918年，一位朋友给了他一包动物化石，告诉他是在周口店鸡骨山上采集的，那里还有许多石灰岩洞，里面有化石。安特生一听说北京境内竟然有动物化石，立刻动身奔向周口店。但可惜的是，他只发现了一些小动物的化石。

1921年，不甘心的他又一次和奥地利古生物学家师丹斯基来到周口店进行发掘。这年8月，幸运的大门向他们打开了。当地一位好心的老乡告诉他们，离

① 作者：高小龙。工作单位：北京市文物局法规处。

鸡骨山不远的北面的龙骨山上有更大的龙骨，他们应该去那里。安特生二人听后抱着试试看的心情又爬上龙骨山，他们刚一到就发现了一条由碎石、砂土、大动物碎骨组成的大裂隙，不一会儿就发现了猪的下颌骨，后来又发现了犀牛、熊等动物遗骨以及白色的脉石英石碎片。可最重要的，是他们发现了两颗古人类的牙齿，他们意识到重大的发现在向他们招手。可惜的是，1924 年师丹斯基有要事要处理就回国了，他们无法进行深入的发掘。但这两颗牙齿引起了另一位在中国从事考古研究的加拿大人步达生的关注。

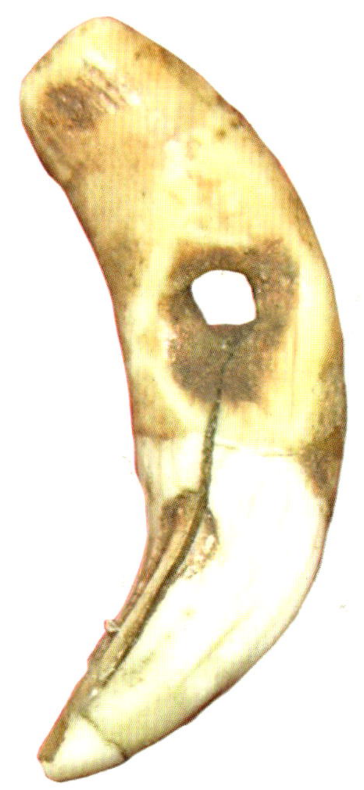

周口店猿人遗址出土的钻孔兽牙

步达生是一名十分卓越的考古学者、医学家。步达生原本出身于贵族世家，可他从小就自觉地磨炼自己的意志和性格，上中学时就找到一份驾独木舟给偏远地区送补给品的艰险工作。有一次遇上森林大火，他机警地跳入一个小湖中，在水中站了一天两夜才躲过大火。1906 年他从多伦多大学毕业，1919 年来到中国，1921 年任美国开办的北京协和医院解剖科主任。他来北京后不久，就与安特生结成研究中国新石器时代人类活动的伙伴。他在工作中平易近人，“跟他的中国同事交往的时候，他完全忘记了他的国籍或种族，因为他相信科学超越了这些人为的事情”。步达生根据安特生的发掘和科研成果，在 1926 年编写出了《亚洲的第三纪人类——周口店的发现》一文，认为周口店可能是人类祖先活动生活的地方。他的文章既引起了国际学术界的震动，也引来了众多学者的怀疑、非议。为了把周口店的发掘工作开展下去，步达生于 1926 年与当时负责此方面事务的中国地质调查所

发现的第一颗北京人头盖骨化石

所长、我国地质学奠基人翁文灏商议，由协和医院与地质调查所合作发掘周口店遗址。同时，他又向美国洛克菲勒基金申请赞助，1927年，步达生的愿望全部实现，中方只是提出“一切采集到的标本归中国地质所所有，但人类学材料在不运出中国的前提下，由北京协和医院保管以供研究之用”，“在考察过程中意外发现的历史时期的不管任何文物，将交给适当的中国博物馆”。

1927年春，周口店发掘工作开始，第一年发掘了500箱化石和一颗完好的人牙化石。1928年，德国留学归国的杨仲健教授和北京大学地质系毕业的裴文中来到周口店，接替、协助原来的4位中外专家进行发掘。1929年，经过步达生的努力，在洛克菲勒基金会资助下，中国第一个从事新生代地质、石生物学特别是古人类学研究的专门机构——中国地质调查所新生代研究室诞生。这年冬天，周口店的考古者们，也终于收到了老祖宗给他们的第一份奖品。这年12月2日，裴文中带领工人在一个垂直的、井状的非常窄的山洞中进行发掘，他一手拿蜡烛，一手拿镐发掘。洞内静得吓人，锤镐的回声久久不散。忽然，斐文中叫起来：“这是什么？是人头！”几年的修行终成正果，山中沉睡了50万至70万年的北京猿人头骨终于被轻轻地发掘出来。

头骨的发现似惊雷震惊了世界，更令人兴奋的是没过多久，古人类制造的石器、骨器、用火和控制火的证据相继被发现，尤其是用火遗址的发现，这在世界上还是首次，这一发现把人类用火的历史一下提前了 100 万年。

1931 年，后来成为我国考古专家的贾兰坡先生作为技工也来到周口店。1933 年 11 月 9 日，他们又发现了一颗最完整的头骨。那时，从龙骨山山顶洞发现的人类化石，可认出属于七八个不同的男女老少，考古学家们还发现了穿孔的兽牙、小石珠、鱼骨，这些都是原始人的装饰品，这也证明“北京人”非常爱美。另外，他们也发现了硕猕猴、披毛犀、剑齿虎、马熊等 37 种动物的化石。不久更使全世界震惊的发现诞生了，1936 年 11 月，贾兰坡又在周口店一个新的发掘点发现了 3 颗完整的原始人头骨。欧美国家的报道当时就达 2000 余篇，“中国猿人北京种”即“北京人”已闻名世界。当时这些头骨都被送到北京协和医院，由后来成为我国当代著名画家的陈志农等中外技术人员修复、制作模型。

就在周口店发掘工作捷报频传、硕果累累之时，厄运却突然降临在这件伟大的事业的头上。1937 年 7 月，日本侵略者攻入华北，周口店地区也成为战场，发掘工作被迫停止。就在大家想方设法躲避这场灾难的时候，1938 年留守在发掘工地的 3 名爱国的中国技术人员被日军逮捕，日军认为三人为“抗日便衣队”，对他们实施酷刑后用刺刀挑腹杀害。周口店古人类遗址落入日军的魔爪。北京城内中方的所有重要机构已搬到大后方，所有研究机构原址都被日伪占领。北京协和医院由于是美国人开办的，美国当时未参战，暂时还未被占领。可贾兰坡等中国人已被监视。1941 年，日美关系开始紧张，人们开始担心保存在那里的“北京人”头骨和其他化石。经过长达几个月的反复商议，中国地质调查所所长翁文灏与北京协和医学院行政委员会负责人胡恒德决定，将“北京人”化石运到美国本土保存。1941 年 11 月中旬，贾兰坡和另一位技术员将周口店最珍贵的人骨化石用细绵纸、棉花、纱布、小纸盒包好装入两只木箱内，交给了协和医学院总务长博文，11 月底，这两只装有无价之宝的木箱被运到了美国大使馆，准备由美国海军陆战队携带到纽约美国自然历史博物馆保存。12 月 5 日，载有“北京人”化石的专列开往秦皇岛，计划在那里转送到美国航轮——哈里逊总统号上。可劫难就在这时发生了，专列未到秦皇岛就被日军截获，美军成为战俘。从此，两只装有头骨的箱子下落不明。

后来有人说日军截获了箱子，在用船运往日本时船翻了；又有人说截火车的日本人不懂得化石的价值，连箱子一块扔了；也有人说美军的被俘军医在战俘营中丢失了……此后不久，协和医学院也被占领，医院内的办公楼被改作了北京日本宪兵队司令部，保存在楼内的周口店发掘的文物、有关资料或是被掠走、或是被焚毁。日本的侵华战争，使周口店在十几年间发掘出的最珍贵的“北京人”化石全部遗失，资料大部分被毁，造成世界人类学、考古学有史以来最大的浩劫。

此后几十年，中外学者都曾费尽心机寻找“北京人”头骨踪迹，可总是像没有结尾的侦探故事一样令人绝望。1946 年日本战败后，我国学者李济又代表政府到日本帝国大学找了 5 次都没找到，只找到日本抢来的周口店出土的一些石器、骨器。于是，“北京人”头骨成为了等待人们去破译的千古谜团。

周口店遗址博物馆新馆效果图

附记：

上面史实的主要内容是1998年笔者在贾兰坡老先生家中，听老人亲口讲述的。当时的一些情境回想起来，仍历历在目。

那时他家更像一个书库。原本面积就不大的两个房间，几乎被那些用角铁焊成的简易书架占满，书架上、书桌上、折叠椅上、铺在房间狭小空地的报纸上，也全都是书。贾先生待人、聊天都像孩子一样有着一颗童心。记得我刚一进屋看见他书桌上有一只直立在支架上的圆形金属盘，盘沿上刻写着英文，盘中心有一个徽章。他既骄傲又满不在乎地笑着说，那是美国的世界探险家协会发给他的，他现在被迫被封为探险家了。当我问起当年他发现“北京人”头骨的具体情节时，老人得意而又顽皮地讲道：“谁也不会想到当年的情景。那时干活的民工把从泥中挖出的小石片儿叫作‘韭菜’，那一天我与他们一同在洞底下小心地挖掘。听到一个民工喊了一声‘韭菜’，就将挖到的一块‘小石片儿’扔到地上。我发现那‘石片儿’好像不是很沉，就走过去捡了起来。仔细看了一下对他说，这哪儿是‘韭菜’，这不是骨头吗。我就让他让开位置我亲自去挖。没想到，竟然挖出了完整的北京人头盖骨。”

伴随着回忆，老人的笑容慢慢消失了，语气也逐渐沉重起来：“如果不是日本鬼子入侵，当时还能继续开展挖掘。日本人侵占那里后，挖掘工作停了，人员撤了，遗址也没人保护了……”

捍卫中华民族文化之根

——与日寇智争居延汉简

高小龙[①]

自1931年九一八事变至1945年8月15日日本宣布投降，近15年间，日本侵略者在中华大地上毫无人性地烧杀抢掠、草菅人命。他们贪婪掠夺的资源，不仅有物质资源，也包含了大量的文化资源。至今，在日本的许多博物馆、私人收藏家手中，仍藏匿着大量当时从中国抢掠的文物艺术品。

同样在那15年中，不仅有无数的中华民族的优秀儿女为保护家园奔赴抗日前线，抛头颅、洒热血，也有许多在特殊行业工作的中华英才，用他们的才智和生命，通过特殊的方式留住了中华民族的血脉。

人们都知道，造纸术是我国的四大发明之一，而在纸张产生以前，我国的文字还曾经历了刻在甲骨上、铸在青铜上和写在竹、木片上的历史。约从战国时期至魏晋时代，我们的祖先就是用毛笔、小木棍蘸墨或漆将文字写在竹、木片上。人们称写字的竹片为简，木片为牍，统称它们为简牍。如果写一篇文字较长的公文或书信，人们就用两股麻绳（也有用皮绳的）将它们编起来，"一编"称为一策（册）。官方所用的简牍一般长50至60厘米，民间的一般长20厘米。简牍，可以说是我国最早的正式书籍，因为甲骨、青铜都不能算是真正的书写材料。简牍与甲骨文一样，没有历代收藏传世的流传下来，人们都是通过近现代时期的出土文物才认清了它们的面目。

我国古代第一次大规模出土简牍是缘于一个盗墓贼的偶然发现。据《晋书》

---

① 作者：高小龙。工作单位：北京市文物局法规处。

记载，西晋太康二年（281 年），现河南新乡附近有一个名叫不准的盗墓贼，有一次盗掘战国时魏国魏襄王的墓穴，在墓室内发现了数十车简牍。没有什么文化的不准并不懂简牍的珍贵，他为了能在漆黑的墓室内发现宝物，竟随手抓起简牍点燃照明。不久不准案发被捕，交代了此事，官府才将那些珍贵的断简残篇收集起来，并立刻送进都城。当时的皇帝晋武帝看到简牍后马上下令让朝中的束、荀二位文官整理编译抢救国宝。现在人们看到的《穆天子传》等文章就是靠那些简牍整理出来的。

我国有史以来第一次科学地通过考古发掘出土的简牍，是 1930 年至 1931 年，在内蒙古额济纳河流域的汉代烽火台遗址中发现的居延汉简。1926 年，北平中国学术学会和瑞典的几位考古学家、历史学家组成了一个西北科学考察团，到我国甘肃、宁夏、内蒙古、新疆等地考察民俗、地理，并进行考古发掘。考察中瑞典学者福克、内格曼竟意想不到地在内蒙古额济纳旗的居延地区发现了大量汉简，其后考察团在这里先后共发掘出一万多枚汉简。他们还发现了成策（册）的汉简，这是自西晋以后的第一次发现。居延在汉代归张掖郡的昭武县管辖，这里自古就是边塞，唐代时诗人王维在《使至塞上》一诗中还曾描绘这里是“大漠孤烟直，长河落日圆”。这次西北考察团发现的汉简的内容有文书、信札、经籍、簿籍等，

原国立北平图书馆主楼

非常全面地反映了该地区汉代的社会面貌，汉简的文物价值、史料价值弥足珍贵。根据考察团所订的协议，出土文物全归中方所有。这批汉简很快就被运回了北京，1932 年正式入藏当时的北平图书馆，由傅振伦、傅明德等人对汉简进行了编号、登记、录写等整理工作，北京大学研究院的侯印卿摄影师还逐一对其进行拍摄，以供学者们研究。可这原本令全社会都翘首企盼的文化盛事，却被侵略者燃起的战火无情阻断。

日本侵略者在 1931 年策划九一八事变全面占领东北后，不断向南推进蚕食，也在不断掠夺中国文物。古都北平岌岌可危。为了祖国珍贵的文化遗产免遭日寇抢掠，留住中华民族的“根”，1931 年，北平图书馆的工作人员就开始有计划地护送文物南迁，以这种特殊的方式抗击侵略者。1932 年，居延汉简先转移到北京大学，后又由沈仲章、徐森玉二人历经艰辛护送到了香港大学冯平山图书馆。然而，这批汉简的迁徙征程并未就此结束。

1941 年 12 月 7 日，日本偷袭美国海军基地珍珠港，太平洋战争爆发。香港也成为日军的侵占目标，居延汉简又一次大难临头。当时逃到香港的文物专家与北

北京大学红楼

美国国会图书馆

大代校长蒋梦麟，以及北平图书馆的领导几经商议，最终选择了一条无奈但安全保险的出路——送出国门。他们决定请民国政府驻美大使、曾任北大教授的胡適出面帮助联系美国政府，希望将这批汉简暂运到尚未被战火殃及的美国本土暂存。就这样，1941 年 12 月，这批汉简又流浪到美国，落脚华盛顿的美国国会图书馆。

居延汉简虽如浪子漂泊异乡，可父母从未将他们遗忘。抗战一胜利，中国学者就开始呼吁汉简的回归。最终，1965 年，居延汉简被从美国运回到台湾，回归祖国的怀抱。直至今日，它们仍完好地保存于台北南港的“研究院历史语言研究所”。但是，国立北平图书馆中其他一些未运走的图书则遭受了灭顶之灾。据统计，该馆在日伪统治时期，共损失图书 6264 册。

另外值得一提的是，1972—1976 年我国的考古工作者又对居延地区进行了一次大规模考古发掘，又在其他的一些烽火台和鄣坞等军事小城中发掘出汉简两万多枚。它们与以前发掘出的汉简相互印证、互为补充，使人们更全面地了解了居延地区汉代的社会全貌。

可以相信，伴随着中华民族的伟大复兴，海峡两岸的汉简也一定会像《富春山居图》一样，相聚合璧。

郑振铎抢救稀世孤本[1]

中国上下文明五千年，老祖宗不仅给我们留下了源远流长的文化，还有很多珍贵的古籍文物。然而，传承的日积月累，却抵挡不了一场战争的毁灭速度。抗日战争爆发后，中国人民，不仅要收复失地，还要费尽心力地保护国宝，这一场没有硝烟的战争，打得亦是如此艰难。作为我国知名的文学家和学者的郑振铎先生，在这样的非常时期，不惜一切代价，为国家抢救了一大批珍贵的历史文物，尤以藏于国家图书馆的国宝级的古籍文献《脉望馆钞校本古今杂剧》为最。

1928 年 10 月，被迫远走欧洲的郑振铎先生回国。1931 年 9 月，郑振铎应郭绍虞的邀请，到北平燕京大学任教，并代理中文系主任，同时兼任清华大学中文系教授。在此期间，他不但积极为燕京大学聘请进步教员，而且积极创作，小说集《取火者的逮捕》，就借希腊神话题材而热烈歌颂中国共产党领导的革命斗争。郑振铎的这一切活动，遭到了顽固势力的嫉恨与攻击，他又一次被迫辞职，于 1935 年 4 月回到了上海。

江南历来多著名藏书楼，1937 年八一三事变爆发，江南许多著名藏书楼被战火烧毁，藏书大量流散，许

---

① 此文选自由李士衡编著，万卷出版公司 2007 年出版的《大收藏家》，编入本书时略有修改。——编者注

多平时极难见到的珍贵古籍大量出现在上海的古书摊肆上以及汉口路、四马路一带的书坊里。北方的书商们，闻风而动，大批南下，这些珍贵的古籍善本刺激着他们的利益之心，他们大肆购买古书，一包包收购来的古书被捆扎成邮件待运，堆得像小山一样高。

这时，上海报纸登出消息，报道中国图书流入美国的情形："中国珍贵图书，现正源源流入美国，举凡稀世孤本，珍藏秘稿，文史遗著，品类毕备，国会图书馆暨全国各大学图书馆中，均有发现。凡此善本，输入美国者，月以千计，而且大部分的要价都很低——即以国会图书馆而论，所藏中国图书，已有 20 万册。为数且与日俱增。"

这消息，严重刺激着热爱藏书的郑振铎先生的神经，他极为愤怒而且忧虑。他通过书店的朋友打听到，那些成捆待运的古籍，大多是要卖到哈佛燕京学社和华北交通公司去的。华北交通公司是敌伪机关，他们大量收购府县志和有关史料文献，显而易见是为侵略战争服务的。其他一些古籍，则面临着流失海外的危险。郑振铎先生认为如果不及时抢救这些历史文物，一旦这些重要文物流失海外，将是中华民族的奇耻大辱，百世莫涤。而当时的日军已经占领上海，上海几乎成了一座"孤岛"。为了这些珍贵的历史文物，郑振铎先生不愿离开上海，而是勇敢、执着地留在"孤岛"，和文物的流失展开了争夺战。

郑振铎用自己所有的积蓄来购书；自己的钱用完之后，就向朋友借，或向书贾欠账；有时候还把自己的不太重要的藏书拿出去卖，然后再用这钱来还账，他自己戏称这种做法是拆了东墙补西墙。就这样，他抢救下了大批堪称国宝级的历史文物，其中就包括《脉望馆钞校本古今杂剧》。

1929 年郑振铎从欧洲回国，一天，他在《国立北平图书馆月刊》上看到常熟藏书家丁初我《黄荛圃题跋读记》一文，丁氏云："也是园藏赵清常钞补明校本，何小山手校。"又云："初我曾见我虞赵氏旧山楼藏有此书，假归，极三昼夜之力，展阅一遍，录存'跋语二则'。""原目除重复外系三百四十种。荛圃所存为二百六十六种，实阙七十四种。……汪氏录清现存目录十四纸，依此书之次第另录之，实存二百三十九种，又阙二十七种。"

此跋语所记叙之书，便是《脉望馆钞校本古今杂剧》。看到这个消息，郑振铎显得异常激动，因为按照文中叙述，这套《古今杂剧》至今仍然保留着，虽然有遗失，但余下的239种肯定还能找得到！于是，郑振铎便立即托与丁氏相识的人去问，丁氏说此书已归还原主常熟旧山楼赵氏。他又匆忙赶到常熟寻到赵家后人，未果。不久，丁氏逝世，线索中断，这件事便成了郑振铎的一块心病。

1938年5月的一个晚上，中国书店经理陈乃乾打电话给郑振铎说："来青阁老板说，苏州某书商发现了三十几册元明杂剧，有刻本、抄本……"敏锐的郑振铎立马意识到：难道是自己苦苦寻找的那本书已经出现了吗？

陈乃乾在电话中说书是从丁家散出来的，郑振铎断定这就是他多年寻访的书。他立即托付陈乃乾将书买下，并说应该还有32册，一共64册才对。第二天，他匆匆赶到来青阁书店，老板杨寿祺告诉他，的确有64册，32册在书商唐某处，大约1000元左右就可以买下来；另外那32册在古董商孙某手里，大约要一千四五百元。郑振铎大喜过望，一口答应下来。第二天就将筹来的1000元钱交给杨寿祺，约定隔天先取唐某的半部书。谁知郑振铎去取书时，杨寿祺却说，唐某的那部分书已经被古董商孙某以900元买走，如今书已合成完璧，孙某奇货可居，要价非常高。热望了10多年的书，本可唾手而得却又失之交臂，这懊丧使郑振铎失眠了。

郑振铎只得又去找陈乃乾。陈乃乾说书成完璧后，孙某待价而沽，非万金不售。郑振铎托陈乃乾对孙再三说，这套书无论如何也不要卖给外国人或是汉奸，他一定设法在最短的时间内筹到款。

郑振铎发了两份电报，一份给在香港的北平图书馆馆长袁守和，一份给在汉口的教育部干事、词曲专家卢冀野，希望能得到他们的帮助。第二天香港的回电来了，说无法筹款，只好"望洋兴叹"。但卢冀野却回电说要郑振铎再去议价。郑振铎立即找到陈乃乾。经过3天和孙某的再三商议，最后双方以9000元成交。至此，他才看到梦寐以求的原书，他激动不已，爱不释手。

这64册书是何等宏伟的一部戏剧总集，包含抄本、刻本的元明杂剧242种，其中元剧有29种是人间孤本，有关汉卿的4种，王实甫的1种，还有郑德辉、高文秀、李文蔚、贾唐、白仁甫等剧作家的杂剧，这是多么惊人的文化瑰宝。欧洲文艺复兴五六百年，仅仅发现了一个莎士比亚的签名，就轰动了整个英国，元代距今已六七百年，关汉卿完全可以和莎士比亚相提并论，一次就发现关汉卿4个亡佚的剧本，这该是中国文学史上怎样的盛事。出版界元老张元济慧眼识宝，立即挑选100余种杂剧，出版《孤本元明杂剧》，并聘请曲学名家王季烈校勘。从此，中国文学史上平添了100多种从来未见的元明杂剧。在战乱的年代里发现、保全了这么重要的一部古代文献，郑振铎功不可没。

几个月下来，为了抢救这些历史文物，郑振铎把能想的办法都想了，钱还是远远不够，这时他的妻子已经向他提出严重的抗议了，而市面上流散出来的珍本有增无减，特别是他还打听到有好几家著名的私人藏书楼都将有整批的善本要抛售。问题已经越来越严重！他意识到单凭某个人的力量，是无法扭转这一危急情势的。这时，一个主意在他脑海里闪过：如果能以国家的力量抢救这些江南文献，将会大有裨益。

1939年底，他联合了上海几位有名望的爱国老学者张元济、何炳松(暨南大学校长)、张咏霓(光华大学校长)等人，多次向重庆当局发去紧急电报和长信，要求以国家的力量抢救江南文献。这些信、电则都是郑振铎亲自起草的。

他们的慷慨陈词、详尽分析和那满腔的爱国热情，打动了有关当局，他们也意识到了问题的严重性。在陈立夫、朱家骅的支持下，政府决定从中英庚款中拨出巨款，请他们在上海秘密抢救珍本图书，抢救回来的图书都归国立中央图书馆所有。就这样，在郑振铎等人的努力下，终于争取到几十年前帝国主义抢劫而去又部分归还的庚子赔款，用在抢救再次遭到帝国主义抢劫的善本图书上。于是，郑振铎与这几位老先生秘密组织成立了一个文献保存同志会。从此，艰苦卓绝、可歌可泣的民国史上最大的一次购书活动，就在他们主持下开始秘密进行(表面上打的是为暨南大学、商务印书馆函芬楼等买书的幌子)。当时在重庆的中央图书馆馆长蒋复璁，故宫博物院古物馆馆长、著名版本学家徐森玉等人，都曾秘密赶到上海，亲眼目睹了郑振铎等人奋不顾身、公而忘私地为国家抢救文献古籍的壮举。

如今，在宝岛台湾的国家图书馆，仍珍藏着一些珍贵的当年来往密信，由此可以看出郑先生当年虽然经手大笔巨款，但分文没用在自己身上，反而还垫出了不少活动经费。在1941年1月20日，徐森玉在上海致信重庆蒋复璁，提到郑振铎等人网罗遗佚，心专志一，胼手胝足，废寝忘食，确为人所不能，且操守坚正，一丝不苟，凡车船及联络等费，从未动用公款一钱。重庆方面大为感动，主动向郑振铎等人提供一些活动经费，郑先生等人商量过后即去信谢绝，说："书生报国，仅能收拾残余，已有惭于前方人士之喋血杀敌者矣。若竟复以此自诩，而贸然居功取酬，尚能自称为'人'乎？望吾公以'人'视我，不提报酬之事，实为私幸！"读完这些信件，不禁让人肃然起敬，赞叹他们的高风亮节！

郑振铎先生自谦为有惭于喋血杀敌的壮士，其实他们也像战士一样在战斗，只不过他们打的是一场没有硝烟的战争，并且取得了非常伟大的胜利，一举扭转了珍本外流的严重局面。整个购书活动，因太平洋战争爆发，上海孤岛沦陷而被迫停止。购书活动前后进行了约两年，虽然时间很短，但这却是极关键的两年！他们为国家、为子孙后代做了一件永垂史册的好事。正如他后来说的：我们创立了整个的国家图书馆。

货币背后的抗战故事

——“中国联合准备银行”与“联银券”

董　啸[①]

一种货币反映一个时代，折射一段历史。平凡的货币见证和记载着社会演进与历史的变迁，它不仅仅只是价值尺度和流通手段，更是反映民族精神风貌、记载国家兴衰历史的瑰宝。风雨蹉跎往事如烟，看货币背后的历史故事，一时多少风云际会，满目沧海桑田巨变。“中国联合准备银行”与“联银券”共同见证了一段难忘的抗战历史。

天安门广场西侧的西交民巷在新中国成立前曾是中外银行云集的金融街，2013

西交民巷银行建筑

① 作者：董啸，北京师范大学历史学院在读硕士研究生。

年这里被列为“全国重点文物保护单位”——“西交民巷近代银行建筑群”。西交民巷东端有一栋西式建筑，这栋建筑主体地上三层，地下一层，立面作古希腊式柱廊，檐口突出，带有典型的近代银行建筑特色。它就是位于北京市西城区西交民巷 17 号的保商银行旧址，也是现中国钱币博物馆新馆的所在。

汜水渡河敵有東竄勢
我決全力保衛鄭州
八路軍疾趨潼關襲敵後路
定遠敵兩千被我包圍
滬漢奸印刷所
汪精衛發表演說

通讯

指示牌写着这里是 1995 年被列为北京市文物保护单位的保商银行[①]旧址。但是，它还有另一段鲜为人知的曲折历史——北平沦陷后，该楼亦曾经是日伪“中国联合准备银行”的旧址所在地，当时臭名昭著的“联银券”便是由这里发行的。

七七事变爆发后不久华北即告沦陷，日伪企图将整个华北完全纳入其“日满华经济圈”的殖民经济体系。为全面操纵华北的经济、金融，他们迫切需要一个配合日本帝国主义侵略、进行经济掠夺的金融工具。在这种背景下，日伪决定在北平筹备成立“中国联合准备银行”。

1938 年 3 月 10 日，“中国联合准备银行”正式对外营业，并开始发行联银券。联银券分为主币、辅币两种。其中，主币面值有一元、五元、十元、五十元、一百元、五百元、一千元、五千元 9 种；辅币面值有半分、一分、五分、一角、二角、五角 5 种，另外发行的金属铸币有一分、五分、一角 3 种。

联银券从印制年份看，多为民国二十七年（1938 年）、二十八年（1939 年）、二十九年（1940 年）；后期印制的票券大都没有年份。从印刷厂家来看，前期印制的大都印有厂名，诸如北京印刷局、行政委员会印刷局、华北政务委员会印刷局等，而后期印制的则没有厂名。从票面图案看，主要有传统图案、名胜古迹和历史人物：票面的传统图案主要是大龙图和小龙图；票面的名胜古迹主要有天坛、长城、大成

① 保商银行创办于 1910 年，原是为了清理天津商人积下的洋商款项，维持天津华洋商务而设，因而得名为“保商”。1920 年，该银行改组为普通商业银行，在今西交民巷 17 号重建了办公楼。

殿和颐和园等；票面所印人物则是知名历史人物。

有关票面历史人物也闹出了不小的风波。因为联银券发行初期时间紧迫，先刻票版再印新钞的常规流程已不适用，只得利用中行库存的大清辛亥龙票票版，把载沣头像抠掉换成历史人物，再将大清银行字样改成“中国联合准备银行”。为了与印有孙中山头像的法币区别，日伪费尽心思特别选取黄帝、孔子、关羽、岳飞等。之所以在票面上印这些人物，其初始用意主要在于欺骗民众，便于推销联银券，以达到搜刮财富的目的；再者借推崇票面人物的忠君报国思想，以误导民众效忠日伪政权。在深受传统文化熏陶的中国，印制这些历史人物本应该带有很强的欺骗性和迷惑性。可惜日伪弄巧成拙，被华北民众看穿心机，有聪明人将计就计，借此在民众中宣扬——华北的票子这次完了。为什么？因为票子上的人没选好！黄帝在炎帝之后排老二，孔子在家排行老二，关羽在桃园三结义里也排老二，这都不是好兆头呀，因此这日本人的联银券是斗不过法币的，要算钱也只能排在法币的后面！巧合的是，几年后华北并入汪伪，王克敏屈居于汪精卫之下也做了汉奸里的老二。

银联券

由于民众对日情绪的不满和类似上面宣传的效果，联银券发行后遭到群众的抵制和法币的冲击。首先，联银券信誉不佳、发行准备不足且不能兑换外币；其次，市价法币高于联银券而官价相反，使得黑市猖獗；最后，法币仍然维持信用并在民间被大量收藏。这使得群众担心联银券贬值，都不愿手中多存，而银行则将存款收进的联银券多作放款，贷给有往来的工商业，任其在市场上抢购商品、囤积货物，如此法币逐渐隐藏而联银券则泛滥成灾，使得联银券进一步声名狼藉，当时除平津等大中城市外的其他中小城镇和农村仍以法币为主要支付工具。

在日伪的强力推行下联银券几乎无限量地发行，中国联合准备银行共先后订印联银券3185.91亿元。联银券滥发、货物减少导致了物价上涨，物价的飞涨又进一步加速了币值下跌，由此形成恶性循环，沦陷区出现了严重的恶性通货膨胀。沦陷期间，北平物价上涨少则几十倍，多则几千倍。到1944年中秋前后，一袋面粉已由1938年的1元上涨到500元。恰巧此时又新发行了一种面额为500元的大钞，由于该钞正面图案右侧为孔子像，左侧为天坛祈年殿，被人们讥称为“孔子进天坛”。所以，北平百姓就根据联银券6年来的贬值情况编出了“孔子进天坛，五百顶一元”的民谚，北平人民生活的日趋恶化由此可见一斑。1940年3月，伪华北临时政府并入汪伪南京政权，改称“华北政务委员会”。此后，“中国联合准备银行”虽然名义上不再具有中央银行的地位，而联银券也逐步被中储券所取代，但它们仍处华北地区金融中枢，继续充当日本帝国主义掠夺华北人民的得力工具。日伪统治期间，“中国联合准备银行”与联银券积极配合日本帝国主义统治经济、垄断金融，掠夺和套取了大量物资和外汇，严重破坏金融秩序，给社会经济和人民生活造成了极其深重的灾难。这是历史的真相，是日本右翼势力和军国主义者永远无法抵赖的铁的事实。

参考文献

1. 中国人民银行北京市分行金融研究所、《北京金融志》编委会办公室编：《北京金融史料　银行篇（十）》，1991年。

2. 今村忠南：《北京金融史料　华北新通货工作论》，北京金融学会秘书处、中国人民银行北京市分行金融研究所，1985年。

3. 江苏钱币学会：《中国近代纸币史》，中国金融出版社，2001年。

4. 冯忠荫：《中国联合准备银行在华北金融统制上之重要性》，载《中联银行月刊》，第6卷第5、6期合刊。

5. 渊如：《事变后华北物价之回顾》，载《中联银行月刊》，第8卷1、2期合刊。

6. 徐明亮：《孔子对天坛，伍百当一元》，载《收藏》，2005年08期。

在日军铁蹄下涅槃的“北大红楼”

孙亚男[①]

北京大学红楼

夕阳的余晖穿过云层，温柔地洒在人世间的每一个角落，一切都显得如此安详而宁静，映照未名湖，绕过博雅塔，它用温暖的身躯守护着那一簇优雅而庄严的建筑——北大红楼。驻足楼前，举目仰望，这发旧的红在夕阳的映照下却别有一番韵致，沧桑而厚重，温润而高贵，这必定是饱经风霜后的神韵，是涅槃之后的重生，是数也数不清、讲也讲不完的故事。

这座充满神秘魅力的建筑就是北大红楼，也叫沙滩红楼，因为墙体都用红砖落成，被称为“红楼”，它始建于1916年，是北京大学曾经最主要的校舍之一。它见证了中国现代历史，一位位历史先驱曾在此留步，并由此地出发，推动中国前进。李大钊、陈独秀曾在此最早宣传马克思主义，鲁迅、胡適曾先后在此任教，毛泽东首次来北京任图书管理员时，也在此工作……红楼，因浸蕴了这些文化先驱的气质而显得格外耀眼。

然而，1937年，一场民族浩劫席卷了中华大地，红楼，更逃不掉这命定的灾难。

卢沟桥事变之后，日军的铁蹄无情地践踏了北京，北京大学也变成了他们进行侵略统治的基地。北京大

① 作者：孙亚男。工作单位：天津财经大学珠江学院。

学这一文化重阵就这样被控制了。作为当时北大的主要校舍之一的红楼，也记录着那一时期的苦难和屈辱。

“轰！”枪炮声不绝于耳，此时此刻，北京大学的学生和部分教师已经转移到长沙，与清华大学、南开大学组合新校，定名为长沙临时大学。北京大学的部分建筑已被日军强行占领，红楼也难逃噩运。

“吴先生[①]，日本人中午就进占这里，您在这待着做什么，还不快走！”一位工友急切地催促道。

“不行，咱们得把办公室清理一下！”这时吴晓铃和这位工友便迅速冲进红楼，走进办公室，快速整理办公室，他们两个把师生的名册、照片和工作日志整理出来，把各办公室和教室里日军写的番号抄写下来，慌乱之中，给之前就待在楼里的另一位工友交代好善后事宜后，三人便急匆匆地走出楼去。这个时候，只听见楼外军靴整齐划一的声音越来越近，冷冰冰的声音让人后心发凉，不知谁机敏地说道“不妙”，于是三人迅速转移路线，从侧门逃出。他们窥视楼外，人群已经散去，楼前空荡荡的，只见一个佩刀戴眼镜的日本小军官带着几个士兵缓缓走来，三人便赶紧逃了。于是，他们便成了最后告别红楼的人。

昔日弥漫着书香气的红楼，此时已经成为日本宪兵的根据地，充斥着火药味。昔日的办公室、教室，此时已成为了拘留人的囚室、刑讯室，以及被押人员待着的地方。北京大学校务长司徒雷登被4次带到红楼审讯，虽然沦为日军的阶下囚，虽然身躯伛偻，面色憔悴，但他一如既往的坚定眼神和毫不委顿的精神依然照亮整个红楼。此外，20多名师生也陆续被押到红楼地下室，接受审讯。“快走，快！”他们被日军推着搡着，时不时还要挨上一棍，但头颅依然高昂。他们被带到了红楼地下室，那里灯光昏暗，狭小潮湿，20多个人在里面实在是拥挤不堪。不仅如此，日本军队还对他们实行残酷的管制：不能说话，早上8点起，晚上8点睡，白天只能盘腿坐在地上，身体必须端正，不能斜卧，也不能靠墙，衣服还必须叠放整齐。另外，早上只能吃一碗粥、一点咸菜，喝一杯水，午餐是馒头、汤菜和白水，晚餐跟午餐差不多。时间一长，被关押的师生一个个骨瘦如柴。然而，他们并不

① 吴先生：指吴晓铃，当时刚刚在北京大学中国文学系毕业并留校的助教。

只是被关押这么简单，日军还对这些无辜的学生和一位位德高望重的教授实行残忍的凌辱和虐待。

“啊！”一声悲惨的叫声从浴室传来，又一位教授被用刑了。他被带到了浴室，日军不停地向他鼻孔里淋水，直到水顺着鼻腔流进胃里，再流进腹腔，待到水已经满腹时，日军一脚踹上去，他身体里的水就从嘴里、鼻子里、耳朵里激射而出，惨苦至极，很多人就这样被折磨而死。更甚者，日军用电机磨人的毛发、齿骨、肌肤，直至变成液质，不能辨认为止。

孙道临当时也是北京大学的一名学生，他因为出演抗日话剧被捕，与当时的教师侯仁之关押在一起。他们两个早就相识，被关押在一起后，常常彻夜聊天，但为了掩日军耳目，他们二人也有了独特的交流方式。因为空间狭小，两个人为了说话方便，躺下后，头对头，脚各自伸向对侧。此外，侯仁之还将一块手巾蒙在脸上，以免日军看到他脸上的表情，发现两个人在交流。

就这样，自 1937 年平津沦陷后，北大红楼就被日军占领。除个别人外，即便遭受着身心的残酷折磨，北大大部分师生依然保持着铮铮傲骨，保有着知识分

北京大学红楼

子的高洁情操，不向日军低下高贵的头颅。终于，1943 年，日军撤销了红楼作为军事基地的作用，军队从此地撤离了。多年以后，许多在红楼里上过课的学生说道："虽然日本人走了，但他们蹂躏红楼的痕迹却不可能随着消失，熄了火的烧人炉还耸在红楼后广场的衰草间，墙壁上黑糊糊的烟熏火燎，还有地下室白墙上的斑斑血迹。"

…………

多年过去，那些残暴和屈辱都已成往事，已成历史，正如一位饱经风霜的老人一样，这些经历刻在了红楼身上，使它越发沧桑，那些师生的坚定眼神和不屈的身影，给红楼也增添了那么多光彩，使它散发着智者的光芒。

夕阳的余晖穿过云层，抚摸着红楼的每一寸砖瓦，每一寸砖瓦都保有温度，那温润而庄严的风度，是红楼在苦难中的涅槃，是在涅槃中的永生。

人性的光辉永远闪耀

——房山教堂惨案再回首

董盼盼[①]

夏日的风似乎裹挟着一个声音，分不清是当时日本侵略者狂妄的叫嚣，还是房山二站村居民的绝望呐喊与张庆桐神父义正词严的抗争。实事求是地讲，我们不擅长铭记苦难，也容易忽略了那些在苦难面前无助的平凡人物。但在战争面前，遭遇杀戮和苦难的更多的是手无寸铁的平民百姓，我们需要为苦难的中国刻下属于她的烙印。我循着历史的遗迹，一步步走向那段让人撕心裂肺的往事。

当时的房山地处华北平原与太行山交界地带，西部和北部是山地、丘陵，东部和南部为沃野平原。境内有大小河流 13 条，拒马河、大石河回旋曲折，永定河、小清河穿境而过。这里被中国地质界称为华北地区最大最典型的岩溶峰林大峡谷。素有“北方小桂林”之称的十渡山水被誉为“青山野渡，百里画廊”。

然而，命运的齿轮在历史的风尘里转出人生的曲折，在动荡的年代里每个人都是活生生的悲剧。1937 年 9 月 17 日（有资料说是 15 日）发生在二站村天主教堂的惨案，正是多灾多难的中华民族在近代历史中经历苦难的缩影，是日本军国主义残暴无情的铁证，更是以张庆桐为代表的爱国人士发扬人道主义精神、展现民族气节的真实写照！

1937 年 7 月 7 日，宛平城的一声枪响打碎了中国人民的安定生活，日军全面侵华战争开始了。8 月 20 日，侵华日军调集大批部队向京郊疯狂侵袭，为了阻止日军继续南侵，石楼镇的二站村、石楼村、坨头村等村的民众团结一心，积

① 作者：董盼盼，北京师范大学历史学院在读硕士研究生。

极支援二十九军，坚决抵御日军的侵略。当时国民党政府与军队并未做好应战的准备，中日军队双方在武器和兵力上的悬殊差距，迫使二十九军不得不且战且退，很快撤至良乡、房山地区。1937 年 9 月 13 日，二十九军被迫撤离了二站村，二站村旋即被日军强占。

我的脑中似乎开始闪现那可怕的历史画面：日军的坦克、机枪像雨点般，不，应该是像惊雷与闪电般向城区、向平民百姓扫射，手无寸铁的老百姓在枪林弹雨中四处逃生……走投无路的难民不得不避居至房山二站村天主教堂内，企盼着能够躲过日军的屠杀。国难当头，百姓生命危在旦夕，二站村天主教堂打开大门，接纳所有前来避难的百姓，神父张庆桐还煮了几锅饭供村民食用。人们本以为能在这所谓的“世外桃源”侥幸逃过一劫，可是事实无情地打破了他们这点可怜的希望！

9 月 17 日（15 日）下午，日军派村公所的人到教堂通知让所有的男劳力都出来。100 多名正值青壮年的男人被赶到二站村西大沟里，四周由日军骑兵队围着，高坎上支着机关枪。日军头目让这些男劳力脱下衣服检查身体。这些男劳力头上有戴草帽印的，被说成是军帽印，肩上有担子印的，被说成是扛枪扛的，脚腕上有腿带子印的说是绑裹腿绑的，总之说他们就是八路军或是宋哲元的二十九军。检查完毕，就开始杀人。日军赶着这些壮汉们来到西边的谷地里，走出不远，日军就用足了劲儿，用刺刀扎进他们的后心。好端端

房山二站村天主教堂惨案遗址

的汉子横七竖八地倒了一地，有的胸口或脊背上冒着鲜血，有的在痛苦地惨叫。

另一伙日军开始在教堂内公然调戏和侮辱妇女。面对日本人的暴行，早已按捺不住的张庆桐神父忍无可忍，上前阻拦并大声斥责道："你们真没羞，毫无人道！"丧心病狂的日军对着张庆桐神父连开4枪，然后将浑身是血的神父钉在教堂的十字架上。天黑后，还有十来个人没被杀。他们一起被赶上地坎儿。当两个日本兵从前边动手时，一个18岁叫张润生的小伙子就势躺在死人堆里装死。日军杀完了人，查看是否还有活口，发现张润生身上没有血，便向他刺了3刀。因他穿着10多斤重的棉袄，才没被扎到要害处。这次惨案日军共杀害中国村民110人，张润生是这次惨案中唯一的幸存者。这就是侵华日军制造的令人发指的"教堂惨案"。

生命或许是卑微的，但人性绝对是伟大的，且战争更能凸显人性的光辉。张庆桐神父为保护房山百姓、抗击日军暴行而惨死在日军屠刀之下！在惨案发生前，张庆桐神父与难民同生死、共进退的壮举安定了人心，鼓舞了难民活下去的勇气。日军进攻房山地区，二站村天主教堂在枪林弹雨之中，收容了370多人，张庆桐神父以温和的笑容鼓励身边的每一个人，用丰富的经验安排着大家的生活。他将生死置之度外，挺身而出保护难民，直至1937年9月17日（15日）献出了自己的生命。

房山二站村天主教堂

此时，我停住脚步，抬头仰望天空，在心中为抗日军士、张庆桐神父以及无辜百姓祈祷。"燕赵古称多慷慨悲歌之士"，这块土地上自古英雄辈出。古有"千场纵博家仍富，几度报仇身不死"的邯郸游侠，有“风萧萧兮易水寒，壮士一去兮不复还”的荆轲，有“当阳桥头一声吼，喝断了桥梁水倒流”的猛将张飞，今有无数中华英雄儿女为不当亡国奴而前仆后继……张庆桐神父的英勇行为更是唱出了一曲高亢的浩浩燕赵之歌。

日军在华北制造惨案示意图

历史这部巨著已然翻过了78年的页码，但是侵华日军的罪行不会被世界忘却。“平生慷慨悲歌士，今日驱车燕赵间。无限苍茫怀古意，题诗独上井陉关。”我知道我走的每一步都是这些英雄志士用他们的鲜血和生命争取来的，他们为抗击日军暴行，发扬爱国主义与人道主义精神做出了巨大贡献。所有的历史都关乎现在，当阳光透过尘埃照射到苦难的背后，我们更多的是寻找当下的意义。纪念战争本质上是追寻和平，当我们站在历史的废墟上重新审视生活的真谛，才知道和平的宝贵。往事不堪回首，而我辈能做的就是在这片热土上努力前行。只期在一个月朗星稀的夜晚，敬英灵一杯温酒。

长辛店侵华日军吃人狼狗队
——加藤部队

王逸彦[①]

在北京长辛店有一根水泥柱子，上刻“长辛店侵华日军吃人狼狗队遗址”一竖行大字，这是怎么回事呢？

1937 年 7 月 7 日，日军在卢沟桥发动全面侵华战争后，随着二十九军撤出北平，长辛店也陷入了日军的铁蹄之下。7 月 28 日，日军进占长辛店，当他们占领铁路工厂以后，首先把厂名改成“华北交通株式会社长辛店铁路工厂”，然后从厂长到科长、车间主任、工程技术人员直到工头，都换成由日本人担任。强迫工人上工，但也有很多工人坚持不上，被迫进厂的工人则俨然成了亡国奴，每天上下班进出厂门，不仅要忍受日军的搜身检查，还要向日本人敬礼问安，稍有怠慢便遭打骂。日本人还在铁路工厂内建立了加藤部队、警务段、技工养成所等。

长辛店侵华日军加藤部队，被百姓称为“吃人狼狗队”，是驯养军犬和杀人的部队。为首的日军叫加藤，手下有驯狗技师吉田和一大帮军犬手。狗队的位置在长辛店铁路工厂的西部，从西北角往南数，是 31 号、9 号、10 号……直至 21 号院，再往东还有 22 号院。狗队占据了 9 号至 22 号这一大片院子及西边的大片空地。四周筑起高墙，墙上加电网，岗哨林立，戒备森严。在空地的北边，加藤部队盖了上千间狗房，全是 1 米多高卧砖垒墙，水泥匝地的排房。一条狗一间，由一个日本兵看管训练。狗的数目，平时三四百条，最多时不下千条。17 号院是加藤部队的本部，南边 18 号院是加藤的宿舍。西边是 16 号，住着 17 个军犬

① 作者：王逸彦。工作单位：中国人民抗日战争纪念馆。

手，在这些房子的西边，也就是狗窝排房的南边，有两幢青砖房，那就是狗厨房。大小狗分大小灶做饭，大狗吃的是牛羊肉、大米饭，小狗吃的是鸡蛋、牛奶，稍大一点的狗给增添肉和米饭。每条小狗配一套被褥，各由一名日军照顾，他们日夜按时巡视，哪怕夜里小狗把被子踹开了，也会有人及时给盖上。日军对狗的照顾可以说是无微不至。

长辛店侵华日军
吃人狼狗队遗址

加藤部队驯狗的方法，是拿活中国人让狗咬、吃，据当时被迫当了狗队厨工的马振山回忆，有个叫陈小旦的本地人，在狗队里当临时工。那天他从厂里拿了一小块薄铁板，准备回家后做个水汆儿。谁知走到厂东门口，站岗的一搜腰，查出来了，立刻就被送到了宪兵队。宪兵队的位置就在工厂东边的陈庄街上。进门就是一顿毒打，捆在老虎凳上，灌煤油，灌辣椒水，折磨得死去活来。然后被汽车送到狗队，锁在17号院北屋西头的地下室里。第二天早晨8点半钟，日本兵把陈小旦押到31号院里，那里有个水泥砌的游泳池，6米来长，4米来宽，3米来深。20多个日本兵，每人手里拉着一条大狗，全都张着血盆大口，吐着舌头，见着穿便衣的就要蹿上去咬，日本兵使劲拉才能拉住。等把人放到池子里后，日本兵喊一声“喂塞”，20多条狗一齐蹿了上去，只听陈小旦撕心裂肺地惨叫了几声就没气了，不大工夫就只剩下了一把骨头，由一个日军拾到一个桶里，扔到旁边的万人坑里就算完事了。这时候，军犬手们都把自己的狗叫到跟前，用事先准备好的专用水桶和牙刷，仔细地给狗刷牙漱口。

加腾部队里的狗越养越多，他们除了为别处的日军提供军犬外，还成了处决“犯人”的机构，就是把他们抓到的所谓的“八路”，成批地拉到狗队喂狗。

1939年夏季的一天，加藤部队里被拉来了18个“八路”，由加藤亲自压阵，在31号院的游泳池处决。因为这次还要拍电影，就让几个厨工参加，好给他们抬电影机。院子里站满了人，除了军犬手外，还有几个押解“犯人”的日本兵。

第一个放到池子里的，是个二十来岁的小伙子，浓眉大眼，虎头虎脑。面对大群的疯狗和日军，他没有一点害怕的样子。只听日军喊了声“喂塞”，一条大黄狗猛地一蹿，就到了小伙子跟前，小伙子非但不退缩，反而一个健步迎了上去，拳打脚踢，与凶恶的大黄狗展开了生死搏斗。不大工夫，正当黄狗张开血盆大口之际，小伙子眼疾手快，一把攥住了狗舌头，用尽全身力气，大喊一声，硬是把狗舌头拽了下来，败阵的狗蹿出池子就跑，其他的狗也要跑。所有在场的人，全都惊呆了，吓傻了。连拍电影的日军，一时也忘了自己的差事。没等日军们清醒过来，小伙子手一扬，把血淋淋的狗舌头就甩到了日军人群里，同时高喊：“打倒日本帝国主义！”“中国共产党万岁！”吓得日军们直往后退，加藤的脸都白了。扔出的狗舌头和喊出的口号声，就像一颗爆炸了的大炸弹，吓得日军们哇哇直叫，一片混乱。慌忙中，加藤拔出手枪，连连向小伙子开火。身中数弹的小伙子，这个真正的八路、真正的共产党员，举着带血的拳头，瞪着冒火的眼睛，倒下去了。

从此以后，日军再不敢放开“犯人”的手脚了，每次处决人，全是捆得死死的，然后再让狗去咬。中国人一批又一批地倒了下去，数不清的中华好儿女，就这么活活地被狗咬死了。到1939年底，差不多每天都有三四十人被杀害。加藤部队，换着法子折磨着无辜的中国人民。

即使刀下的亡魂不计其数，日军也不会动一点恻隐之心。可是对待狗，却慈悲得很。狗死了要先火化，把骨灰放入特制的骨灰坛里，然后再在隆重的仪式中，把坛子放入坚固美观的狗坟中。狗坟就在狗厨房的南边，是圆形的砖石结构，上面建塔，下面用花岗石筑墓穴，里面用水泥匝地，周围砌许多小格子台，放置骨灰坛。门口向南开，前面有石碑，左右有汉白玉石狮子，四周种松柏。每逢祭日，还要给狗献花圈，办法事，请日本和尚念经，为狗超度灵魂。这样的仪式，一年要举行好几次，还被拍成了电影。对待杀害中华好儿女的狗如此规模的礼遇，正凸显了侵华日军变态和邪恶的嘴脸！

1945 年 8 月 15 日，日本投降了！万恶的加藤部队完蛋了，长辛店到处是人们在打恶狗，吃人的魔鬼们一下子变成了丧家之犬！为了纪念当年那些在此牺牲的无名英雄，在当年的吃人狼狗队遗址竖立了这块纪念碑，提醒后人日军侵华的残暴罪行，也让共产党员不畏暴行愤然反抗的英勇事迹得以流传。

“一人得道，鸡犬升天”，中国古老的成语，一针见血地揭露了侵华日军的罪恶行径。仗着侵略的不义之道，连狼狗都要凌驾于中国百姓之上，这实在是欺人太甚。然而，人民的愤怒，终要如那滔天的巨浪，抹去一切耻辱。八年抗战成功了，当年耀武扬威的人和狗，却被刻在了历史的耻辱柱上，永世不被遗忘。

天坛与日本 1855 细菌部队

武裁军[①]

侵华日军细菌部队遗址

天坛，是明清两朝皇帝祭祀皇天上帝的祭坛，在封建社会时期，除了参加祭祀的官员及役使人员外，平民百姓是不能涉足的。如今，游人去天坛，大抵都只沿中轴线，看过圜丘、皇穹宇，走过丹陛桥，止于祈年殿。或许因为天坛公园实在太过于广阔，游人通常不会走到位于西南面的“神乐署”处，自然也不会注意到那镌刻在石墙上的“国耻纪念”铭文。即便如此，历史也不会被遗忘，这曾经应被音乐充溢的场所，却在那灰暗的八年抗战时期，一度充斥着罪恶的细菌。

神乐署，建于明永乐十八年（1420 年），原名神乐观，隶属礼部太常寺，是祭祀乐“中和韶乐”的教习管理机构。1912 年 2 月，清皇室发布退位诏书，天坛被移交与民国政府进行管理。从 1912 年开始，民国政府陆续对天坛外坛进行开发利用，先后在天坛神乐署、牺牲所等处开办了林艺试验场、传染病医院、卫生防疫处等机关及社会公益设施。20 世纪 20 年代末期，国民政府利用天坛神乐署开设北平生物制作所，生产疫苗用于防疫工作。

1937 年七七事变后，日军“华北派遣军防疫给水

---

① 作者：武裁军。工作单位：天坛文物研究室。

部”于 8 月侵入天坛，占据了天坛神乐署原北平生物制作所，成立了“北支那防疫给水部”。其直属于日本陆军参谋本部第九技术研究所（登户研究所），受日军华北派遣军总司令部直接统辖，1939 年该部编为“北平甲第 1855 部队”。在 20 世纪 90 年代崇文区地方志的工作人员整理出来的一份翔实的 1855 部队的花名册中，日军 731 部队罪魁祸首石井四郎的名字赫然在列。作为侵华日军中臭名昭著的 731 细菌部队的部队长，石井四郎在 1855 部队担任的职务是技术指导。在其他一些重要的职位上，也都可以看到 731 部队业务骨干的名字。1855 部队，是日军发动全面侵华战争后在北平、南京、广州和新加坡组建的 4 支新的细菌战部队之一，其总部即驻扎在天坛内的神乐署和牺牲所。

1855 部队主要下辖第一、二、三课。第二课（原为细菌课）下辖第一细菌生产室（又称第一疫苗室）、第二细菌生产室（又称第二疫苗室）、血清室、检索室等。这些部门均设在天坛神乐署一带，为开展细菌研究，日军在神乐署周边建起各种设施。第二课（原为细菌课）主要工作为研制和生产鼠疫、伤寒、霍乱、

天坛神乐署

痢疾、黑热病、疟疾等细菌和原虫，并饲养大批老鼠和跳蚤。1943 年 8 月，在天坛周围文昌宫、金鱼池、东花市、崇外大街、打磨厂一带曾爆发霍乱疫情，据报道，截至 10 月底，全北平市共发现霍乱患者 2136 人，死亡 1872 人。

根据史料证实，北平自 1939 年以来就未曾发生过霍乱传染病。而受日军操控的北平地区防疫委员会却在1943 年上半年就抛出了一份《霍乱预防实施计划》，制定了霍乱预防宣传、人员培训以及霍乱发生后的检疫、隔离、消毒、交通限制等一系列措施。1943 年 7 月，1855 部队与日军第二陆军医院的 200 多名候补下士官进行了半个月的预防霍乱及细菌检验专门训练。据参与这次训练的长田友吉供述，一天，他走进第二课霍乱菌培养室时，看到室内有一个高 2 米、长 1.5 米、宽 0.8 米的培养器。正在值班的一名军医中尉指着培养器声称："这里面培养着难以计数的霍乱菌，有了这些霍乱菌，就可以一次把全世界的人类杀光。"

由此可见，1943 年北平发生的霍乱正是 1855 部队的预谋，是他们散布了霍乱菌，用北平中国居民的生命去完成他们的细菌实验。资料显示，在北平发生霍乱的时候，1855 部队参与了鲁西地区散布霍乱菌的行动，西村英二就是这次行动的指挥者之一。

更令人发指的是，日军为研制细菌杀人武器，竟用中国人进行惨无人道的"活体实验"。当时在 1855 部队第三课负责饲养老鼠的日本老兵 H 氏回忆："1944 年夏天一过，从丰台俘虏收容所向第三课押运俘虏（当时他担任警戒），一连押运 3 天。第一天押运 6 人，第二天押运 5 人，第三天押运 6 人。戴着手铐的俘虏一到第三课，就被投进了装修成监狱的房间里。日本军医给这些俘虏注射了细菌（H 氏不知是何种细菌），而后对俘虏的身体变化进行了调查。注射后没过一天，这些俘虏就全死了。而后又把俘虏尸体运到第一课进行解剖。"此后，又有两个中国人手脚被绑着，嘴里被塞着东西，装在麻袋里，用卡车运到实验场所，进行人体实验，经过一个星期便死了。臭名昭著的 731 细菌部队曾将实验对象称为"模特"，1855 部队也有自己的特殊暗号，如将老鼠称为"饼"，将跳蚤称为"粟"，将用于实验的活人称为"猿"。

1945 年 8 月，就在日本投降前夕，1855 部队销毁了其全部文件和器材。日

北平北支第 1855 部队所使用的耐火砖

军投降后，1855 部队的地下冷库被封存了 4 年。原国民党中央防疫处处长汤飞凡曾派钟品仁到地下冷库检查，冷库内到处散落着被砸坏的木柜、容器，在这些垃圾中，钟品仁找到了 6 支试管。经过培养实验后，发现有 5 支试管含有毒性鼠疫杆菌，另一支试管的毒性已经消失。在其后的大规模清点中，又查出日军遗留下来的 11 吨、12 吨、13 吨 3 口直径 6 米的大锅。此外当时还发现仓库内有大量铝质培养箱，这些培养箱也是用来进行细菌培养的。2002 年，天坛在对神乐署进行修缮时，在神乐署的正殿凝禧殿内发现了一座地窖，地窖深逾两米，窖壁用白灰粉饰，地面也铺满白灰，虽然没有太多遗存，但也遗弃着两个玻璃瓶。经专家勘查，该窖的工程样式符合日本的工艺特点，而两个玻璃瓶也是贮存药液的容器，这座地窖应该也是日军储存生物疫苗的所在。

据曾居住在神乐署附近的老人们回忆，1855 部队的营地总是戒备森严，门口彻夜有站岗巡逻的士兵和警犬。营地的某些地方常年散发着腥臭味，20 世纪 50 年代初期，每到下雨的时候，天坛医院的北侧还能闻到空气中散发着的腥臭味。

1995 年，侵华日军投降 50 周年之际，原 1855 部队卫生兵伊藤影明和其他一些老兵来到北京，当时他们还来到天坛神乐署，指证日军的犯罪遗址，向中国人民谢罪。伊藤影明亲手绘制了一张 1855 部队驻地的草图，日本东京大学讲师西野留美子为揭发 1855 部队的真相，同样做了大量的工作，她根据伊藤影明的草图和其他一些老兵的回忆，绘制了更完整、更清晰的《原侵华

牺牲所大殿柱础

日军1855部队总部设施配置图》。北京崇文区地方志的工作人员参照这两份图示，与实地进行了详细的对比，指出驻扎在天坛西门南部的1855部队总部和第二课占地面积相当大，包括现在的中国医药生物制品检定所、天坛神乐署、北京口腔医院、北京天坛医院及部分居民区。上述医院之所以建在天坛附近，与此也有一定的关联。

1997年5月，中共北京市委宣传部正式将天坛神乐署确定为爱国主义教育基地，建立了国耻纪念刻石，石上镌刻着“侵华日军细菌部队”的铭文，向每一位到访的游客发出勿忘国耻的警示。

天坛是中国传统文化的结晶，承载着厚重而灿烂的中华文明，但是它也记录了中国近代史上的耻辱，就在天坛神乐署那座回响着绝美悠扬的祭天古乐的建筑物上，深深地记录着日本法西斯所犯下的滔天罪行。

镌刻在铜板上的自供状

——日本“支那事变记念章牌”

陈 亮[①]

1937年7月7日，日本侵略者为了达到以武力吞并全中国的罪恶野心，悍然炮轰宛平城，制造了震惊中外的卢沟桥事变。中国守军第二十九军奋勇抵抗，全民族抗战由此爆发。8月9日下午，两名日本军人擅自驾车持枪强闯上海虹桥机场，这一严重的挑衅行为点燃了淞沪抗战的导火索。8月13日，淞沪会战正式开始，中国南北都卷入战争旋涡之中。自1937年7月7日开始全面侵华，至1941年偷袭美国珍珠港太平洋战争（日本称大东亚战争）爆发，这期间的侵华战争日本统一称为“支那事变”。

明治维新以后，日本走上了“强兵富国”、对外扩张的军国主义道路。日本每发动一次侵略战争行动，都称之为“事变”，这是日本扩张侵略的一贯手法。日本侵略者将战争称为“事变”，以掩盖其发动侵略战争的罪恶，达到否认和逃避发动侵略战争责任的目的。

日本侵华战争的每一场“胜利”，都会使日本国民和军队无比“振奋”。为了宣扬侵略思想，纪念“武功业绩”，日本制作了大量各式各样的纪念章。这些纪念章既体现了日本当年的侵略狂热，也成为日本侵华抹不去的铁证。

侵华日军在中华大地上的横行肆虐，给中国人民带来了深重的灾难。在中国共产党的积极推动下，以国共两党合作为基础的抗日民族统一战线正式形成。全国同胞团结起来，各个抗日武装开赴前线，正面战场、敌后战场协同配合，粉碎

---

① 作者：陈亮。工作单位：中国人民抗日战争纪念馆。

了日本侵略者“3 个月灭亡中国”的迷梦，使日本侵略者深陷战争的泥潭而不能自拔。

为了激励侵华日军士气，日本政府命令国家造币局泉友会设计制作了一套两枚“支那事变记念章牌”，以“褒奖”参加侵华战争的日本陆海军官兵，分别为陆军版和海军版，颁发或奖励给不同官阶的日军。

这套纪念章不论是工艺美术设计，还是青铜制作技术，都非常高超。其制作精细，章体薄厚控制精准，尤其是凸出的日本陆军士兵、海军军官的全身侧面像以及轰炸机等图案均为镀金，主题突出，远景近景层次分明，细节刻画准确清晰，从艺术的角度来看堪称精美，代表了日本纪念章制作艺术的最高水平。

两枚“支那事变记念章牌”均为青铜制作，呈圆形，直径为 5.3 厘米，因其表面图案有凸出部分，故厚度为 0.3 厘米至 0.9 厘米。纪念章盒长 16 厘米，宽 9 厘米，高 2. 5 厘米，打开盒盖的一边两角设计成委角式样，两枚纪念章并排平放在盒内的圆形凹槽内，并饰有蓝色丝绒衬布，显得典雅精致。盒盖背面白布中央有“支那事变记念章牌”“造币局制”烫金字样，表明此纪念章由日本造币局制作。

这套纪念章令人印象最深刻的是它的图案设计。陆军版的纪念章正面的凸形图案是一个全副武装、持枪向前冲锋的日本陆军士兵，日军士兵脚下是一位伏倒在地的中国军人，远处是连绵起伏的山峦、弥漫的硝烟，近处是已经秀穗的高粱，迎风摆动，暗示战争发生的时间和地点——夏季的中国北方。日军士兵头戴九〇式钢盔，气势汹汹，身背布包、毛毯、饭盒、军锹、水壶等各种行军物品，手持三八步枪，

日本“支那事变记念章牌”正面

日军飞机进行大轰炸

腰挂子弹盒、刺刀等，小腿紧扎绑腿，脚穿皮鞋，身体前倾，大步飞奔，种种细节刻画得惟妙惟肖。中国军人头戴英式钢盔，身背大刀，匍匐在地，已经战死，其装束装备与卢沟桥事变发生时中国军队第二十九军战士相吻合。

纪念章的背面图案也是凸出的：上方是一架日军双翼重型轰炸机，机翼背面飞机编号“78”和日本国旗清晰可辨，为高浮雕图案。轰炸机下方是中国华北地区地形图，从图中可以看出长城和津浦、平汉、平绥3条铁路线，仔细辨识还可看到北平、天津、沧州、保定、张家口、大同等地名，可谓细致入微。铁路沿线上还分布着许多炸弹正在爆炸的图案，整个华北大地笼罩在战火硝烟之中。轰炸机的下方右侧刻有“支那事变记念”和“昭和十二年”字样，日语“记念”即纪念之意，昭和十二年，即1937年，说明此章是为了纪念1937年日本发动卢沟桥事变，全面侵略中国而特意制作的。章的边缘各有4颗首尾相连的炸弹，8颗炸弹围成一个圆形图案，制造出一片战云密布的恐怖氛围，最下方两枚炸弹弹头上铸着4个小字“造币局制”为落款。整个纪念章制作精细，刻画入微，侵华日军在华北大地上狂轰滥炸、肆意蹂躏的情景历历在目，可以说是七七事变的真实写照。

海军版的纪念章正面的凸形图案是一个全副武装、手持望远镜在战场指挥的日本海军军官，军官身旁是日军阵地，3个士兵隐蔽在掩体后方，远处的背景是中国当时的经济中心上海，浓烟冲天，断壁残垣，饱受战火摧残。日军军官头戴军帽，表情冷静严肃，双手持望远镜向前方远望，身后背着钢盔、望远镜盒等，腰间挎着一把军刀，塑造了一个“忠勇奉君”、不畏枪林弹雨、身在前线指挥战斗的军官形象。日军阵地上有3个头戴钢盔的士兵，卧在掩体后方，掩体周围摆满了弹药物资。其中一个士兵手握重机枪向中国军队瞄准并猛烈射击，另外一个士兵回头呼喊似乎是催促赶快运送弹药，第三个士兵正努力匍匐前进，可以想见战况的持久和激烈。

纪念章的背面图案是3架轰炸机正面编队向下俯冲投弹的情景。中心为一枚巨型炸弹从空中投下的图案，巨型炸弹弹体上也写着“支那事变记念”“昭和十二年”字样，这枚巨型炸弹整个贯穿压在中国的版图之上。背景为简明中国地图，图上标示出长城、黄河、长江以及南京、上海、北平、济南、青岛等当时中国的几个大城市的位置。巨型炸弹引信左右铸着4个小字“造币局制”为落款。纪念章反映了日军依靠其武器装备的优势，对上海发动大规模进攻，并肆意扩大侵略，将战火蔓延至中国各地的情景，是淞沪会战（日本称第二次上海事变）日军侵华的真实记录。

纪念章上日军轰炸机投掷炸弹的情景并非虚构。侵华战争期间，日军轰炸机不仅在战场上肆虐，还对战场外的广大中国城镇乡村等非军事目标实施无差别的狂轰滥炸，将罪恶的炸弹恣意倾泻在中国无辜民众的头上。日本侵略者想以这种

日本“支那事变记念章牌”背面

方式宣扬其武力的强大，震慑中国军民放弃抵抗。但是中国人民不会向日本侵略者妥协，更不会向日本侵略者投降。中国军民团结合作，克服一切困难，坚持抗战，直至将日本侵略者彻底赶出国土。原本为歌颂日本侵略战争和军国主义的“支那事变记念章牌”，反而成为镌刻在铜板上的侵华日军穷兵黩武、恃强凌弱、野蛮屠杀中国人民的自供状。

盧溝橋盧溝橋
男兒墳墓在此
橋最後關頭已臨
到犧牲到底不屈
撓飛機坦克來
勿怕大刀揮起敵
人跑盧溝橋盧
溝橋國家存亡在
此橋

節錄盧溝橋歌向彬

第三篇章

千里刀光影，仇恨燃九城——人民的怒火

沦陷下的北平人民，并没有就此沉沦，面对日军的兽行，在中国共产党抗日政策的影响下，在爱国热忱的鼓舞下，涌现出了众多慷慨悲歌之士，展现出了中华民族的铮铮铁骨。他们与日军斗智斗勇，为守护北平，打击侵略者做出了重要的贡献。

"一个人"的抗战

——白塔寺罗德俊手书

康　蕾[①]

提到罗德俊这个名字，很多人可能会问这是何许人也，他怎么是一个人在抗战，怎么又跟白塔寺有关联呢？

白塔寺始建于元代初期，距今已有近800年的历史，属于元世祖忽必烈营建元大都的重要工程之一，也是现今北京唯一保存完整的元大都城历史文化遗迹。这座白塔不仅是我国内地现存最早、最大的藏式佛塔，还是西藏正式纳入祖国版图、江山一统的历史见证，更是我国领土神圣不容侵犯的见证。

作为第一批全国重点文物保护单位，白塔寺不仅仅保存着珍贵的文物遗迹，还曾经发现了一件充满传奇色彩的文物，它的发现、记录，展示了一个平凡人物的抗战故事。

1976年7月28日，一场突如其来的大地震波及了北京。白塔顶部因地震受到一定程度的损坏。1978年9月，在国家文物局、北京市文物管理处的组织下，市房修二公司古建队开始对白塔进行修缮。这次修缮意外地发现了一批重要文物：除了乾隆十八年（1753年）大修白塔后敬装的一批珍贵文物之外，文物专家吴梦麟先生还在塔顶天盘的一个夹缝中发现了一份特殊的手稿。

这封署名为罗德俊的手稿，长26.5厘米，宽18.5厘米。发现的时候，手稿的纸张因年代久远已经微微泛黄，但上面的字迹仍清晰可辨，工工整整地记录着："今年重修此塔，适值中日战争。六月二十九日，日军即占领北京。从此，

① 作者：康蕾。工作单位：北京市白塔寺管理处。

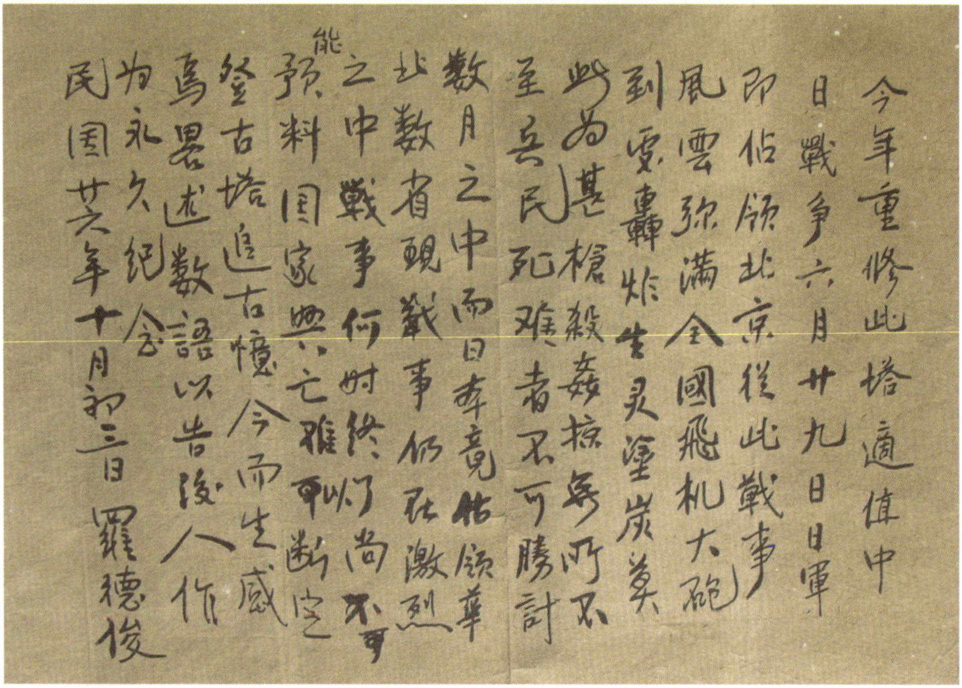
今年重修此塔適值中
日戰爭六月廿九日日軍
即佔領北京從此戰事
風雲彌滿全國飛机大砲
到處轟炸生灵塗炭莫
此為甚槍殺姦掠無所不
至兵民死难者不可勝計
數月之中而日本竟佔領華
北數省現戰事仍在激烈
之中戰事何时終了尚不可
能預料国家興亡难以断定
登古塔追古憶今而生感
焉畧述數語以告後人作
为永久紀念
民国廿六年十月初三日
羅德俊

罗德俊手书

战事风云弥漫全国，飞机大炮到处轰炸，生灵涂炭，莫此为甚，枪杀奸掠，无所不至，兵民死难者不可胜计。数月之中，而日本竟占领华北数省，现战事仍在激烈之中，战事何时终了尚不能预料，国家兴亡，难以断定。登古塔追古忆今，而生感焉，略述数语，以告后人，作为永久纪念。民国二十六年十月初三日，罗德俊。”罗德俊的这份手稿仅有 148 个字，情感真挚，直抒胸臆。通读此手稿，我们仿佛被带回到了那个战火纷飞的年代，感受到作者在目睹了日军的残忍暴行后，怀着对家国民族前途命运的担忧，用饱含义愤的言辞，控诉了日军侵华所欠下的累累血债。

民国二十六年十月初三日，即 1937 年 11 月 5 日，手稿书成的 4 个月之前，七七卢沟桥事变打响了全面抗战的第一枪，到 7 月末，天津、北平相继沦陷。翻开历史档案，我们可以清楚地看到，日军挑起卢沟桥事变后，疯狂叫嚣要在 3 个月内灭亡中国。短短几个月的时间，战火就迅速蔓延到了中国的大片领土，那时候的中国到处都是血雨腥风。

白塔寺全景

与此同时，白塔寺历史上的又一次修缮也悄然动工。据资料记载，1937年的夏天，一个名为“永德建筑厂”的施工队展开了对白塔的修缮，整个工程一直持续到年底。至今在白塔基座西南角还保留有一小块碑刻，上书“中华民国二十六年旧都文物整理实施事务处重修于七月经始十二月竣工”。被战争阴云笼罩的北平城内，文物工作者们冒着敌人的炮火，以生命为代价保护和拯救着中华民族的历史文化遗产。今天，当年修缮的具体情形已难以得知。更遗憾的是，关于罗德俊的身份目前尚不可考，较大的可能性是其从事与文物修缮保护相关的工作，因此在修缮工程紧张有序进行的某一天，当他站在有700多年历史的白塔塔顶眺望整个北平城，看到曾经恢宏繁华的六朝古都在几个月内变得满目疮痍，抚今追昔，慨叹不已！近百年来，中国贫弱，不断处于列强欺凌之下，国将不国，人何为人？此情此景，怎不令人唏嘘？也许带着几许愤懑、几许屈辱、几许忧愁、几许迷惘，他写下了这片语只言，将之藏进白塔之中。这一藏既是存史以告后人，也是寄情于希望之中。无论战争多么艰苦惨烈，中国不会亡！这100余字，字字珠玑，写出了一名普通中国人“位卑未敢忘忧国”的爱国情怀。

在民族危亡的关头，罗德俊究竟怀着怎样复杂的心情，将“历史”藏入“历史”？幸运的是，这份见证历史且弥足珍贵的证据，并没有被历史的烟尘永远地掩埋。当手稿在距七七事变41年后重见天日时，罗德俊的这份拳拳赤子情怀也将被历史永远地铭记。

70年过去了，战争的冲天狼烟虽已经锁进过去的

文物链接

罗德俊的手稿发现之后，在很长一段时间内并未被列为文物，在吴梦麟先生和李滨声先生数十年的呼吁奔波下，1996年6月，北京市文物局下发提案办理报告，报告称：“1978年白塔寺‘七七’事变日寇侵华的文物应该公布于世的提案，我局拟于今年‘七七’纪念日时向新闻界公开发表此文。”2015年7月7日，中央电视台新闻频道曾就罗德俊手稿做了简短报道。（编者按）

岁月，但这段历史却深深镌刻在每一个中华儿女的记忆中，书写在教科书中，展现在各大国立博物馆中，还凝聚在大量散落于民间的抗战文物中。罗德俊手书作为一件重要的抗战文物，曾在首都博物馆、中国人民抗日战争纪念馆等主题展览中展出，向参观者讲述着书写者作为一名普通中国人在那段战争岁月中的抗战心路。

“国家兴亡，匹夫有责”，反对内外敌人、争取民族独立和人民自由幸福的斗争，从来就不是一个人的事，也从来都是每一个人的事。今天我们应该怎样记住那些为了国家兴亡前赴后继的人们，该怎样记住这段历史？唯有我辈人人牢记历史，发愤图强，使中华民族雄于地球，方能不让历史重蹈覆辙，方能对得起先烈，对得起祖宗。

当无数游人经过这座白塔时，我希望人们看到的不只是美丽与传奇，更有民族自立自强的精神，希望人们能够记住那个叫罗德俊的平凡人和他不平凡的手稿。

叶恭绰瞒天过海护宝记

张世强[1]

毛公鼎与大盂鼎、大克鼎，被誉为晚清时期的“海内三宝”。其中，大盂鼎收藏于北京，大克鼎收藏于上海。唯独这件毛公鼎，翻越海峡，落脚于台北故宫博物院。时至今日，这件国宝依然保存在中国人手中，叶恭绰、叶公超叔侄俩功不可没。抗战时期，叶恭绰瞒天过海将宝鼎在上海、香港之间几次秘密运送，叶公超面对日本鬼子严刑审问，坚贞不屈死守秘密，展现了中国人的民族气节，为保全国宝立下了汗马功劳。

叶恭绰

毛公鼎，相传于清道光二十三年（1843 年），在陕西岐山周原出土。全鼎器形雄浑，铸造精良，通高 53.8 厘米，口径 47.9 厘米，腹围 145 厘米，净重 34,705 克。其鼎口呈仰天势，半球状深腹，垂地三足皆作兽蹄，口沿竖立一对壮硕的鼎耳；整个造型规正洗练，周身纹饰素朴典雅，洋溢着一种清朗敦厚、威而不张的庄严气象。文物界公认此物系西周晚期宣王（前 827—前 781 年）时的一件重器，之所以名之曰“毛公鼎”，乃因其鼎腹内铸有 32 行关于“册命”毛公瘖

① 作者：张世强，北京盛天丽音文化传播有限公司总经理，现北京交通广播《徐徐道来话北京》、北京文艺广播《艺海说宝》《娱乐有范儿》《今晚我们说电影》制作人。

的铭文。

这篇铭文总计 497 字（一说为 499 字），是迄今出土的青铜器中铭文篇什最长者。它完整地记述了周宣王对其臣属毛公痦的一次重大任命，委授毛公痦全权处置邦国事务和治理周王室，同时褒赏他金银、仪仗、车马、兵器。毛公痦因之感恩戴德，铸鼎以纪，还嘱咐子子孙孙要永远“宝用”。考古学家郭沫若等人给了“毛公鼎”这篇铭文极高评价，认为它“皇皇钜制，辞意恢弘，抵得一篇《尚书》”，史料价值无可替代。至于那些铭文在书法艺术上的峻伟风骨，则早在民国之前，就被学者们视为“金文书法之典范”而备加推崇，以致有“学书不学‘毛公鼎’，犹儒生不读《尚书》”之谓。

凡此种种，足见“毛公鼎”在中国古代青铜器的珍异行列里，居拥着独特罕匹的显耀一席。

“毛公鼎”出土后，于清咸丰二年（1852 年）首先由金石学家陈介祺以重金购得，悄然运回原籍山东潍县，秘不示人；陈氏病故次年，鼎为清两江总督端方所有，端之族裔复又质押于天津俄国道胜银行。入民国，有美、日商贾垂涎，欲出巨款向道胜密购。消息被时任北洋政府交通总长的叶恭绰（号誉虎，1881—1968 年）知悉，叶迅速筹资 3 万元，将鼎从道胜银行赎获，仍存津门。

叶恭绰一人之力买下了毛公鼎，本来是出于要保护国宝的目的，但没想到正是毛公鼎，在后来给他和家人带来了意想不到的麻烦。

毛公鼎先是存放在天津，后来由于叶恭绰举家搬到上海，毛公鼎也就随之到了他上海的公馆——懿园。叶恭绰买下毛公鼎后，曾经拓下铭文，分送亲朋好友，所以，圈内之人都知道毛公鼎藏于上海叶恭绰的寓所之内。1937 年抗日战争全面爆发之后，上海沦陷，叶恭绰避居到了香港，但他的很多书画藏品都没有带走。然而，在香港的日子也不好过，他整天处于日本人的监视之中。留在上海的毛公鼎一直平安无事，这让他大为宽心。然而，就是这个时候，发生了一件事，差点让这件许多爱国人士所看重的国宝落到日本人的手里。

原来，叶恭绰在上海还有一个姨太太潘氏，时局动荡，由于财产纠纷，个人欲望没有得到满足，她就恼羞成怒，将毛公鼎藏于上海懿园的消息捅给了日本人，

毛公鼎

还打起了家产官司。日本人的嗅觉像狗一样灵敏，心肠也像毒蝎一样狠毒，为了得到国宝毛公鼎，他们三番五次前往懿园寓所进行搜查，国宝的安全危在旦夕。身处香港的叶恭绰知道之后忧心如焚，立刻发电报给他在昆明的侄子叶公超，让其赶赴香港会商。叶公超父母早逝，自幼依叔父叶恭绰膝下。叶恭绰视叶公超如同己出，精心抚育教诲。经过一番商议之后，身负双重使命的叶公超回到了上海。

叶公超

来到上海，叶公超一方面处理与潘氏的诉讼，另一方面，抓紧时间隐藏和转移毛公鼎。这时候，潘氏已经向日本宪兵队密告叶宅中藏有国宝毛公鼎和珍贵字画，日本宪兵队当即前往搜查。万幸的事，日本人先搜出了一些字画，接着搜出了两支手枪。当时，天下乱成了一锅粥，拥有镇国之宝的叶恭绰，更是风声鹤唳，草木皆兵，他买来了两支手枪护身。没想到，正是这两支手枪转移了日本人的注意力，他们立刻停止了搜查。当时，毛公鼎就藏在叶恭绰的床底下！日本人为了从叶公超处得到毛公鼎的信息，便罗织罪名，以搜出两支手枪为名诬告叶公超为间谍，把他投到了牢狱之中。虽然多次遭受鞭打与酷刑，但叶公超始终没有说出关于毛公鼎的一个字。

面对始终不肯透露宝鼎下落的叶公超，日本人终于露出了凶残的本性。他们对叶公超施行了各种各样的酷刑。面对日本鬼子残酷的拷打折磨，作为一个有血性的中国人，叶公超顶住了重压，在向敌人谄媚与恪守国人良知的选择中，叶公超毅然选择了后者。身体的摧残没有压垮这个血性的汉子，面对日本鬼子的

7 次提审，两次鞭刑、水刑，他的回答只有 3 个字——“不知道”。学者顾毓琇晚年追忆说，当时，叶公超曾“在狱中用香烟纸写一小条”，交给前去探望的妹妹 Julia 携出，托人捎到重庆，“指定本人（顾毓琇）请转告当局及友好，他已誓死不屈，大义凛然”。事实证明，叶公超的誓言不是虚伪的。

狡猾的日本人怎么能善罢甘休，他们见从叶公超嘴里问不出什么，就转换方向，从叶恭绰那里下手。他们将叶公超锒铛入狱的消息传到了香港，叶公超每一次受刑时的惨状都被传到了叶恭绰的耳朵中。一面是自己的亲侄子，一面是举世的国宝，究竟怎样才能两者兼得呢？叶恭绰心急如焚，每天都承受着痛苦的折磨。终于，天无绝人之路，他想出了一个真假国宝的瞒天过海之妙计。叶恭绰联系了几个可靠的朋友，仿制了一个足以乱真的铜鼎，交给了日本宪兵队。

没想到，日本鬼子真的上了当，他们拿到假造的铜鼎之后，非常喜爱，不时地摸摸，敲敲，不时地听听它的声音。他们在听到仿造的铜鼎也是金声玉韵之后，由叶公超的兄长叶子刚以重金具结作保，才终于将九死一生的叶公超放了出来。

毛公鼎铭文拓片

当他形容枯槁地走出日本宪兵队的牢房时，已然被关押了 1 个月零 19 天。

毛公鼎

但是，心怀鬼胎而奸诈的日本鬼子并没有就此放心，他们也曾怀疑铜鼎有诈，却又拿不出证据，只好让人秘密监视叶公超。这种监视一直到了 1941 年的夏天，狡猾的日本人仍然没有发现假鼎的破绽，才逐渐放松了监视。趁此机会，叶公超以声东击西之计，将毛公鼎运出了上海，秘密带到香港，交到了叶恭绰手上。可是，几个月后，日本占领了香港，在拒绝出任日伪交通总长之职后，叶恭绰从此便终日生活在日本人的监控中。

为了将毛公鼎带回大陆，叶家人委托一位德国朋友帮忙将毛公鼎成功运回上海，叶恭绰也从此称病不出。此时的叶家是一个庞大的家族，全部仰仗他一个人的积蓄存活，实力已经大不如前。此外，他在抗战之前就已经退出政界隐居不仕了，十多年的时间里更是坐吃山空，逐渐财力不支，无奈将宝鼎抵押给了银行。后来，为大商人陈永仁出资赎回。1945 年抗战胜利之后，陈永仁把宝鼎捐赠给了国家。1946 年，宝鼎被运到南京，由中央博物馆收藏，1948 年新中国成立前夕，宝鼎被转移到台北故宫博物院，收藏至今。

毛公鼎最终完璧归赵回到政府的手中，当时，叶恭绰给在西南联大任教的侄子叶公超写信时说“美国人和日本人两次出高价购买毛公鼎，我都没有答应，现在我把毛公鼎托付给你，不得变卖，不得典质，更不能让它出国，有朝一日，可以献给国家”，表现了一位爱国人士的崇高气节。

参考文献

1. 方一戈：《叶公超与“毛公鼎”的一段生死机缘》，载《文史天地》，2003 年第 12 期。

2. 傅国涌：《叶公超为毛公鼎受刑》，载《 南方都市报》，2005 年 10 月 27 日。

3. 古远清：《几度飘零：大陆赴台文人沉浮录》，广西师范大学出版社，2010 年。

4. 落尘：《民国的底气》，中央广播电视大学出版社，2011 年。

5. 方辉主编：《国宝档案》，新世界出版社，2006 年。

6. 胡杨：《传世国宝全档案》，中国工人出版社，2012 年。

战火中的青春

——北平学生移动剧团的故事

乔玲梅[①]

在中国人民抗日战争纪念馆众多展品中，有两个纸张已明显泛黄的旧本子，仿佛历经了岁月沧桑的老人家。透过橱窗看去，却依然可以感受到纸张那细腻厚实的触感。上面的字迹，或深或浅，或工整或潦草，历经了将近 80 年的岁月，仍然清晰易读，无声地讲述着一群年轻人在抗战炮火中越发明亮的青春。

翻开第一本日记的封面，“北平学生移动剧团·愿我永恒·中华民国二十七年二月二十三日始·璧华 ”几列竖行字映入眼帘。第二本则以河南省政府教育

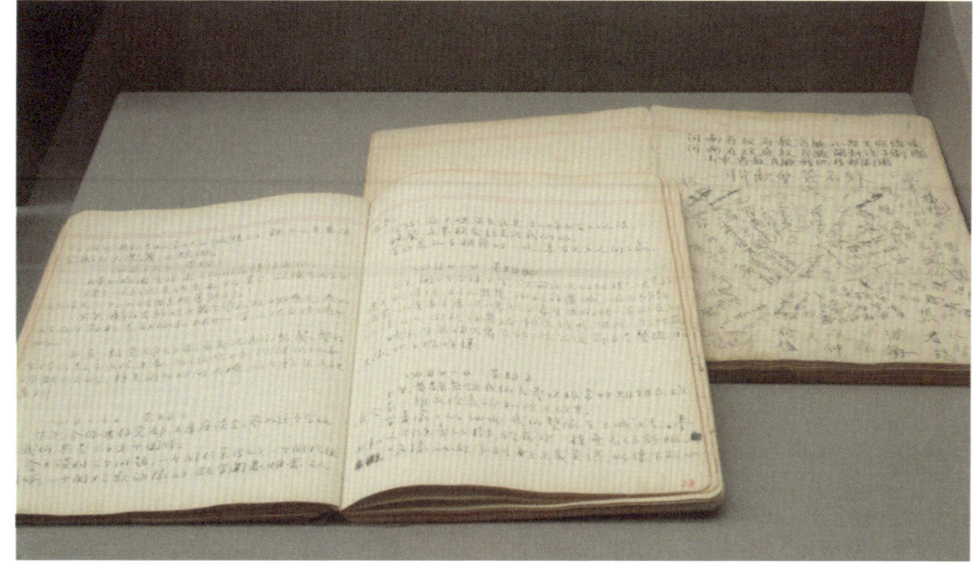

北平学生移动剧团日记

① 作者：乔玲梅。工作单位：中国人民抗日战争纪念馆。

厅小学生演剧队、开封学生剧团与山东省教育厅地方演剧队联欢签名录为开头。这两本日记，记录了从1938年2月到10月近一年的日子里，北平学生移动剧团的成员在战火纷飞年代的演剧生活以及战争动乱中百姓的颠沛流离。

北平学生移动剧团，原为“农村服务宣传团”。1936年，随着抗日救亡形势的日益严峻，时任中共北平市委书记的黄敬指示组建“农村服务宣传团”，希望宣传团能够利用暑假到保定一带宣传抗日救亡。但宣传团尚未下乡，七七事变就爆发了，北平已非久留之地，北平学生中的党员、民先队员和进步力量大部分都要撤出北平，到全国各地开展抗日救亡活动。于是，黄敬让宣传团先到上海，取得公开身份和活动经费，然后在河北、山东一带开展救亡工作。

1937年7月，农村服务宣传团正式成立了，其成员主要是各个大学的学生。他们中间，不乏家世显赫之人，本可以免受这战火流离之苦，但流淌在他们身上的爱国热血，敦促他们要到祖国需要的地方去，要将他们的青春，燃烧在这战火的洗礼中。他们之中，有后来成为著名演员的张瑞芳、著名作家陈荒煤、剧作家姚时晓、新中国体育界领导人荣高棠等。

宣传团成立后，他们即刻就向上海出发。黄敬特意留了200元做农村服务宣传团的活动经费，并且还给沈钧儒先生等写了5封信，请沈老等给予帮助，为宣传团打通关系做准备。为躲避途中搜查，信用极小的字，写在约5厘米见方极薄的纸上，藏在牙膏筒中。

7月29日晨，北平沦陷。8月8日，平津间通车。宣传团带着满腔的宣传抗日救国理念的报国热情出发了，他们乘坐从北平开出的第一列火车去天津，打算从天津乘船去上海。但在天津，第一次只买到4张去上海的船票，于是大家商定让荣高棠、张楠、陈荒煤和张瑞芳带着黄敬的信先走。8月13日，淞沪抗战爆发，船不能前往，在青岛停泊，他们四人又辗转到了济南。在济南，四人看到邹韬奋关于《战地移动剧团》的报道，受到这个团名的启发，考虑到剧团工作阵地不再限于农村，将不断转移阵地，原“农村服务宣传团”已名不副实，剧团遂改名为“北平学生移动剧团”。

战争时期交通不畅，为了防止滞留济南，宣传团又想尽各种办法辗转到了南京，当时沈钧儒先生就在南京，于是他们拿着黄敬的信件，找到沈老，在沈老的帮助下通过邵力子、陈立夫、张道藩等，为剧团取得了合法身份。

从1937年7月北平学生移动剧团成立，到1938年10月剧团大多数人顺利到达延安，这一年多的时间里，他们相互扶持，相互依靠，跨越北京、天津、山东、河北等地，共同走过了长达两万多里的路。历时一年多的演剧生活中，他们举行了上百场演出，演出了《放下你的鞭子》《打鬼子去》《反正》《林中口哨》《花子拾炸弹》等十几个剧目，积极宣传抗日，在民族危亡关头，毅然用稚嫩的嗓音唱出了中华民族的最强音。

在这些剧目中，《放下你的鞭子》无疑是最能震撼人心的一幕话剧，在八年抗战期间，曾演遍了中华大地，激励了无数的中华儿女，走向抗击侵略者的最前线。北平学生移动剧团，每到一个地方，几乎都拿这个剧开幕，往往能很快燃起民众同仇敌忾的决心。

徐悲鸿画作《放下你的鞭子》

“高粱叶子青又青，九月十八来了日本兵，先占火药库，后占北大营，杀人放火真是凶……”“九一八”以后，从东北沦陷区逃出来一对父女，流离失所，只能以卖唱为生。一日，香姐正演唱时，却因饥饿难耐而晕倒在地，老父随即举起鞭子要打她，围观的群众中一名青年见状十分愤怒，大声高呼：“放下你的鞭子！”与此同时夺下老父的鞭子，加以指责。老父扶起闺女，父女俩开始声泪俱下地讲述国土沦陷的辛酸遭遇，怒斥惨无人道的侵华日军。围观群众在父女俩的感染下，国仇家恨涌上心头，群情激愤，恨不得立即杀向无耻的侵略者。

也正是这幕街头抗日剧，改变了张瑞芳的人生轨迹。1937 年清明节前夕，崔嵬找到张瑞芳，希望她一起演出一幕话剧，就是这部《放下你的鞭子》。清明节当天的香山，她和崔嵬以及其他演员，在军警的层层包围下，成功地演出了这幕街头抗日剧。由于演员们太过投入，现场观众的情绪极端高涨，连一些富有正义感的军警都受到感染，放下手中的军棍与民众一起高呼“放下你的鞭子”，把石块投向剧中那个不可一世的日本鬼子。在观众的热烈呼声中，此剧连演了十几场，从白天演到夜晚，又从夜晚演到白天。这幕剧的巨大成功，更坚定了张瑞芳要通过演剧的形式，向民众宣扬抗日救亡思想的决心。此后，在北平学生移动剧团的岁月里，她又频繁地演出这幕话剧，感染着越来越多的人加入到抗日救亡的历史洪流中去。

除了这部曾在抗日战争时期演遍了中华大地的抗日街头剧，剧团还自己创作剧本进行演出，演出的节目包括《北平七二八之夜》（丽尼、陈荒煤合写）、《打

《放下你的鞭子》剧照

鬼子去》（陈荒煤写）、《反正》以及鼓书《好团长吉星文》《卢沟桥之战》（杨易辰写鼓词，荣高棠演唱）、大合唱《义勇军进行曲》《松花江上》等。有时演“幕表戏”，就是“即兴表演”，即根据当时某一事件，确定主题思想，明确通过表演说明什么问题，准备达到什么宣传效果，并确定谁扮演什么角色，至于台词，就由演员在台上各按主题思想和当时场合自己发挥，演起来生动活泼，效果不错。

北平学生移动剧团有着严格而明确的纪律，因为他们是一个进行抗日救亡宣传工作的团体，而不仅仅是一个剧团，演戏只是一个重要的工作手段，除演戏外，还要用各种方式做宣传组织工作。剧团就这样移动着进行演出和宣传，1938年，遵照董必武同志往延安转移的指示，剧团中的大多数人先后到达延安，融入了延安这个抗战时期的革命熔炉里。

而今，中国人民赢得抗日战争的胜利已然过去了70个年头，当年青春热血的学生，大多都已离开了我们。曾有人问过荣高棠先生对这段生活的感受，其时已90多岁高龄的先生，仍然坚定地回答：“那是我们每个人一生中最值得记忆的生活，那样的生活我们后来再也没有过。”同样，也不是每个青年的青春，都能如此和祖国的命运同呼吸、共患难。那段岁月，弥足珍贵。

谁说书生百无一用
——爱国师生的抗日救亡运动

崔文龙[①]

“风声雨声读书声声声入耳，家事国事天下事事事关心”，自古，知识分子就不是只埋首故纸堆做学问之人，他们心里，装得下家国天下。自清末开始，中国的土地，几乎没有宁日，而在救亡最前线，我们总能看到知识分子的身影。

清华大学学生在街头演讲

1931年，日军于东北发动了侵华九一八事变。事变爆发不久，远在北平的各高校就掀起了轰轰烈烈的抗日救亡运动，不仅从口头上，更从实际行动上支援抗日。他们组织成立了“平津学术团体对日联合会”等抗日团体，通过张贴海报、出版刊物等途径揭露日本侵略中国的狼子野心，并致电张学良表达誓死抗日的爱国热情，还积极募集钱款支持马占山在东北的抗日斗争。

然而，日军的铁蹄还是无情地跨过东北三省，侵入了我华北内陆地区。1935年间，日本侵略者策划了“华北五省自治运动”，我国华北主权受到严重威胁。危急关头，中国共产党发表了“八一宣言”，号召全国各界一致抗日。在中国共

---

① 作者：崔文龙。工作单位：中国人民抗日战争纪念馆。

产党的领导下，北平爱国学生成立了“北平学生联合会”等爱国组织，积极配合各界的抗日活动。而这时，国民党政府却正忙着筹划成立“冀察政务委员会”。

平津学生宣传团在河北固安县进行抗日宣传

12 月 9 日凌晨，寒风凛冽，整个北平城在国将不国的阴影威胁下，越发显得萧条肃杀。然而，从某个方向，似乎有人声隐约传来，且有愈来愈大的趋势。只见东北大学的师生，汇成了一道人的洪流，冲破了北平反动当局的阻挠，走上了街头，那从西直门而来的清华大学、燕京大学的师生队伍，也即刻加入了这道人流中。这边，三大高校的学生们群情激昂，那边，其他高校的师生也不甘示弱：中国大学的学生队伍逾墙而出，与师大女附中会合；女一中、镜湖中学等队伍也陆续赶来。来自中国大学的组织者之一董毓华，代表请愿学生向反动当局的何应钦提出见面和请愿要求，但当局态度始终暧昧，这无疑彻底激发了爱国师生们的怒火。他们果断地决定变请愿为示威游行，高喊着“停止内战，一致对外”“打倒日本帝国主义”“反对华北自治”等口号，响亮的口号声，宛如冬天的一声惊雷，炸在北平城里。他们一边喊口号，一边分发传单，感染了许许多多的群众，甚至连当局派来阻止他们的一些安保人员也为之动容。

然而，国民党当局却不顾广大人民群众的强烈反对，一意孤行地要在 12 月 16 日成立“冀察政务委员会”。于是，一场规模更大的示威游行爆发了。12 月 16 日下午，游行队伍途经辅仁大学时，辅仁大学的百余名爱国师生在共产党员韩钟栓、刘达的带领下冲破外国神甫的阻拦，加入到了游行队伍中。他们自发地喊着口号，向周边的群众宣讲着抗日救国道理、散发着宣传品。他们中的很多人虽因竭力呐喊而喉咙变得嘶哑，却从未停下；热血充盈着他们的身体，他们神情坚毅、青筋显露，脸庞在连续的高呼中甚至涨得通红。队伍行至北京大学红楼外时，学生们齐声呼喊：“北大，起来！”“不要忘了五四的光荣！”瞬间，北大学生敲钟集合，200 多人高举临时制作的校旗加入游行队伍。据《中国革命史小丛书》的形象描述，游行队伍在行进中像“滚雪球似的”不断壮大，浩浩荡荡。

因担忧形势恶化，国民党当局出动军警，凶狠压制手无寸铁的学生，但爱国学生不畏强暴、奋力还击，不断有学生被打倒，又从地上再度爬起，甚至倒在了血泊中。在这场冲突中，清华大学、东北大学和辅仁大学等校的爱国学生受伤被逮达数十上百人。最后，游行队伍被冲散，被迫撤离，却决不向当局低头。示威游行过后，爱国师生们又发动了北平学生总罢课行动，以各种方式，表达着对当局的强烈抗议。

北平学生的爱国行动，得到了全国学生的响应和全国人民的支持，形成了全国人民抗日民主运动的新高潮，推动了抗日民族统一战线的建立。不过，示威活动并未结束，大示威之后，爱国学生又组成“平津学生南下扩大宣传团”，前往平津各地宣传抗日救亡，力图把抗日救亡的学生运动组织成为抗日救亡的人民运动。

在这场由爱国师生发起的持续的抗日救亡运动中，辅仁大学的师生们，不可谓不是一支重要的力量。辅仁大学于 1927 年在罗马天主教会的支持下成立，是现北京师范大学的前身，在如今的师大校园里，仍能看到辅仁时期的一些古旧建筑，它们质朴安静，周身散发着沧桑悠远的气息。辅仁大学爱国师生

辅仁大学校址

的抗日救国事迹，体现了文化教育界的抗战决心，这也在抗日战争全面爆发后愈加显露出来。

七七事变爆发后，在北平的高校纷纷内迁或被日伪关闭，幸免于难的辅仁大学便成为爱国学生运动的重要据点，为抗日救亡输出了大批的优秀青年。当时，不愿进入日伪学校学习的青年学子纷纷报考辅仁大学，并以此为荣。沦陷后，北平却依然在中国文化界占据着重要地位，因而各方均重视争取和利用学人，由此，名流荟萃的辅仁大学便成为各方关注的中心。1938 年，辅仁大学教授沈兼士、英千里、张怀等人组织成立“炎社”，以顾炎武为楷模，积极宣传抗战救国。1939 年春，时任国民党组织部部长的朱家骅得知“炎社”的抗日活动后，开始考虑将其扩大改组，以尽力团结群众，并把辅仁大学建成抗日爱国的重要据点。作为地下党和民先队活动的重要根据地，辅仁大学爱国师生参加了各种抗日活动。当时的一些标语可以反映出青年学生的重要角色，如 1941 年 12 月，朝阳门内大街电杆上张贴的标语为：“本市住民叫日本鬼子压迫得如鼠见猫，有志的青年们，快起来！高呼反抗日本帝国主义的侵略！”

辅仁大学爱国师生英勇无畏的抗日活动，使它成为了日伪当局的眼中钉。该局派特务进驻辅仁大学，对师生的抗日宣传活动进行监控。革命势必受到追捕镇压，甚至会流血牺牲。1944 年 3 月，辅仁大学师生组织的爱国团体“华北文教协会”组织暴露，协会骨干成员几乎全部被日伪逮捕。这也直接证明了辅仁大学的师生抗战，对日伪当局造成了威胁，使其恨不得除之而后快。

“谁说书生百无一用？”知识分子是国家的良心，在国仇家恨面前，他们从来都是反应最迅速的那批人之一。爱国师生们组织的各种抗日救亡运动，折射出了知识分子忠贞报国的坚定信念。这种信念，融在了中华民族的精神血液里，鼓舞着爱国师生们毅然决然地走上战场的最前线，至死而不悔！

参考文献

1. 孙钢：《中国革命史小丛书　“一二・九”运动》，新华出版社，1991 年。

2. 孙邦华：《会友贝勒府——辅仁大学》，河北教育出版社，2004 年。

国之兴亡，匹夫有责
——一代大师的抗战轶事

张　鹤[1]

在京城西城区兴华胡同13号（原为兴化寺街5号，20世纪60年代改今名），有一座典型的老北京四合院。从这座院子往西几步，穿过一条狭长的甬道北行，就是定阜大街的辅仁大学旧址。

陈垣

四合院坐北朝南，灰砖灰瓦。门前有四级石阶，两扇大门油漆已斑驳，但两边的一副对联“忠厚传家久，诗书继世长”仍清晰可读。 20世纪30年代至70年代，居住在这里的就是励耘书屋的主人——陈垣。

陈垣（1880—1971年），字援庵，广东新会人。他是一位大史学家。20世纪20年代，在中国国际地位还很低的时期，他就被中外学者公认为世界级学者之一，与王国维齐名。他的许多著作，亦成为史学领域的经典。他也是一位大教育家，从事教学74年，桃李满天下，他的许多先进的教育理念沿用至今。除此之外，陈垣先生又是一位炽烈的爱国者，他在青年时代就投身反帝反清斗争，抗日战争爆发后，他又参加了反对侵略、不做亡国奴的斗争。1959年，79岁高龄

① 作者：张鹤。工作单位：北京大钟寺古钟博物馆。

的他加入了中国共产党。

兴化寺街5号是陈垣先生在北京的住所，也是他一生住得时间最长的地方，他在这里度过了生命最后三分之一的时光。他搬到这里的时候，卢沟桥事变已经爆发两年，北平正处在日本军国主义铁蹄的统治之下。在这段时期中，陈垣先生始终怀着坚定的民族气节，以一个学者的身份，同日本侵略者做着抗争。

1937年抗日战争爆发，同年北平沦陷。清华、北大相继南迁，时任辅仁大学校长的陈垣与师生坚守北平。沦陷时期的北平，文化与教育受到日伪的严格管控，他们胁迫北平被接管的其他高校，强制其使用日文课本，将日语作为必修课，并在校门口悬挂太阳旗。唯有辅仁大学，由陈垣与身为德籍校务长的天主教司铎出面，与日伪政府周旋，坚决抵制这一切。日本占领军派人游说陈垣，劝他与日本人合作，并对他以死亡相威胁。陈垣用《孟子》的话从容回答："生我所欲也，义我所欲也，二者不可得兼，舍生而取义者也。""生亦我所欲，所欲有甚于生者，故不为苟得也；死亦我所恶，所恶有甚于死者，故患有所不避也。"在民族大义面前，陈垣无所畏惧。他同时语重心长地对启功先生说："一个民族的消亡，从民族文化开始……我们要做的是，在这个关键时刻，保住我们中华民族的文化，

陈垣故居

把这个继承下去。你我要坚守教书阵地，只管好好备课、教书，这也是抗战！”

他在课堂上，经常选择那些能激发学生爱国主义精神的篇章作为教材，反复勉励学生要坚持民族气节，公开斥责那些认贼作父的汉奸。八年抗战期间，陈垣在课堂上满怀深情地向学生讲述抗清不仕的顾炎武的《日知录》，讲述全祖望宣扬南明抗清斗争。他还在《通鉴胡注表微》中，借《资治通鉴》，讲述了文天祥、陆秀夫、张世杰3位名臣爱国的忠烈事迹，赞扬他们“为社稷死、为国家死”“为纲常死”的全节精神，对他们“重于泰山”“有功于世教”的感人事迹给予了高度的评价。他借史实抒发国土沦丧之痛，宣扬反抗侵略的爱国精神。

抗战八年，时间之长，战争之惨烈，超出了许多人的预料，但是，陈垣先生拥有坚定的信念，始终坚持民族气节，大义凛然，真正做到了“富贵不能淫，贫贱不能移，威武不能屈”。他坚信，侵略者必败，中国不会亡。像陈垣先生这样地位的人留在北平，日伪方面当然不会放过。先是利诱——请他参加“东洋史地学会”并担任职务。这是一个披着学术外衣的汉奸组织。他当然拒不参加。然后又要他担任当时敌伪最高文化团体“大东亚文化协议会”的副会长（会长是日本人），薪水颇高，又被他断然拒绝了。利诱不成就是威逼。1938年，徐州陷落，日伪当局强迫北平全市挂伪“国旗”，并强迫游行“庆祝”。辅仁大学和附中拒绝挂旗、游行，被勒令停课3天。日本人还多次找时任校长的陈垣“质问”。陈垣先生说：“国土沦陷，我们只是悲痛，要庆祝，办不到！”还有一次，学校礼堂放电影，正片前加放的体育片中出现国旗，学生情不自禁地鼓掌。日本宪兵队来找陈垣先生，要他交出

辅仁大学主楼

鼓掌的师生。他回答：“带头鼓掌的是我，要逮捕就把我抓走！”慑于他的威望，这件事后来不了了之。

抗战时期，陈垣先生坚守在北平，他做的最重要的事情之一就是维持辅仁。沦陷时期的北平，许多高校无以为继，只有辅仁大学能够继续办下去。作为大学，它需要一面有号召力的旗帜，这面旗帜就是陈垣先生。抗战时期，一批知名学者来到辅仁大学任教，学生最多时达到3000多人。辅仁大学里面有共产党的地下组织，国民党在北平的抗日据点也在辅仁大学，共产党人和国民党人共同为抗日出力。所以，有人说辅仁大学是抗日堡垒。1944年3月，辅仁大学秘书长英千里和30多名教授及附中教员因宣传抗日被捕，多方营救无效。陈垣先生知晓后，利用自己的影响，不断与当局交涉，终于在1945年7月，被捕诸人被释出狱。当时抗战还未胜利，辅仁大学公宴出狱的诸教授，以此来表达对他们的支持和对日伪当局的抗议。

陈垣先生在抗战时期所做的另一件大事，就是利用辅仁大学这个阵地来教育青年学生和柴德赓、启功这样的中青年教师。1942年4月，抗战已经进入第六个年头。辅仁大学举行返校节，举行返校节照例要开运动会，陈垣校长要在运动会开始时讲话。他环顾会场，发现观众中混进了一些汉奸。他说：“今天不是开运动会吗，我给大家讲一个孔子开运动会的故事。”孔子怎么会开运动会？这个题目一宣布立刻引起了大家的注意。陈垣先生接着说：“《礼记》的《射义》篇记载，孔子曾主持射箭比赛，让子路把门，宣布有3种人不能参加今天的盛会。一种是败军之将，第二种是为敌人做事的，第三种是认敌作父的。宣布完3条，不少人都溜走了。”陈垣先生讲这个故事，是要在公开场合警告那些汉奸。当时日伪当局为了笼络人心，提倡“读经”，陈垣先生就用儒家经典的话，巧妙地打击敌人。

斯人已逝！遥想陈垣大师在抗战中，以他渊博的学识做武器，与日伪进行着不懈的斗争，用无畏不屈的民族气节和性格，坚守着他高洁的人格，不向顽敌低头折腰。而今，大师虽离我们远去，但他的铮铮硬骨，高尚品格及永不泯灭的民族气节和爱国情怀，却永远值得我们学习和缅怀。

奔马
——抗战时期徐悲鸿先生的真实写照

高小龙[①]

骏马，在中国古代绘画史中一直占有重要一席。从唐代韩幹的《照夜白图》至清代郎士宁的《十骏图》，从元朝赵孟頫的《秋郊饮马图》，至清代众宫廷民间画师的《洗画图》，宝马良驹、神骏轻骑，跃然纸上，呼之欲出。然纵观图中之马，虽神态各异，或昂首长鸣，或垂缰饮水，但几乎尽为驻足歇脚之态。至郎士宁《十骏图》，图中骏马已似沦为宠物，或慵懒侧卧在芳草之中，或三三两两嬉戏玩耍于绿阴之下。其情景祥和、甜腻，绝无斗志与激情。清末八旗子弟之懒散萎靡与图中之马如出一辙。

徐悲鸿在20世纪40年代时的留影

然而，如同在中华民族危难之时，必有勇士挺身而出舍生取义一样，在近现代中国画坛上，也有一位以骏马为最主要题材的画家一骑绝尘横空出世，用水墨展示了骏马志在千里、拼搏疆场的风骨。他笔下的骏马，大多鬃毛奓起、马尾飞扬、昂首嘶鸣、四蹄狂奔，激发着观赏者驰骋疆场的斗志与雄心。他就是伟大的爱国画家——徐悲鸿！他笔下的马绝无五彩之艳色，

① 作者：高小龙。工作单位：北京市文物局法规处。

1942 年徐悲鸿所绘的群马

《负伤之狮》

更无眼眸闪烁之媚态。画中所题“哀鸣思战斗，回立向苍天”“秋风万里频回首，认识当年旧战场”正是其笔下之马的最好写照。那画中之马不是供观者玩味赏析的宠物，而是催人扬鞭奋蹄的号角。

画中之马如此，徐悲鸿先生本人在八年抗战期间也如同他笔下的奔马一样，为了民族的解放，拼尽全力，奋力前行。

八年抗战期间，前线的每一次战斗，前方的每一条消息，都牵动着徐悲鸿先生的心。“二十七年岁始，国难孔亟，时与麟若先生同客重庆……”（民国二十七年为1938年），“辛巳八月十日第二闪长沙会战，忧心如焚，或者仍有次之结果之，企于望之。悲鸿时客槟城”（辛巳年为1941年），这些画作中的题字，全都反映出徐悲鸿先生当时的心情。

徐悲鸿先生不仅心系国家之命运，更是以实际行动为拯救民族危亡拼尽全力。为了给前线的战士筹款，他曾多次赴当时经济较发达且仍未染战火的新加坡、马来西亚等国家和香港地区展销义卖书画，“将自己所能贡献国家，尽国民的义务”。

2005年，高136厘米、宽98厘米的巨幅油画珍品《珍妮小姐》在保利国际拍卖公司的秋季拍卖会上以2200万元成交。这幅肖像画正是1939年徐悲鸿先生在新加坡筹款期间所画。当时，比利时驻新加坡副领带勃兰嘉邀请徐悲鸿先生，为其广东籍女友珍妮画一幅肖像画。为了能给前线多筹得一些善款，徐悲鸿先生自降身段爽快地答应此事，并本着艺术家的操守全身心地投入到创作中。当此画稿完成后，画中的珍妮小姐可谓神形兼备，画面精美绝伦。勃兰嘉被徐悲鸿先生的诚意和深厚的造诣所打动，特意为此画举办了一次有着众多社会名流和新闻记者参加的盛大揭幕仪式，并慷慨支付酬金4万新币，这在当时的新加坡是单幅绘画的最高价格。徐悲鸿先生通过一系列的艺术创作活动，团结了海外华侨和外籍人士一起支援中国国内的抗战。

在徐悲鸿纪念馆中，收藏着两幅同一名称、同一内容的国宝级巨幅绘画，它们就是《愚公移山》。它们一幅为国画，一幅为油画。国画《愚公移山》几十年来一直被摆放在馆内展厅中最显著的位置。而这两幅《愚公移山》正是绘成于中国抗日战争最艰难的时期——1941年。当时，徐悲鸿先生受诗人泰戈尔之邀赴印度举办画展和讲学，身在异国他乡的徐悲鸿先生仍心系祖国。当听到国内有些懦夫在日本侵略者的淫威下鼓吹投降论时，他再一次拿起手中的画笔，以绘画来表达他的心声和气节，将“愚公”那顽强不屈的精神与终将必胜之信念传达给全中国人民。此画成稿前，仅草稿就约30幅，并邀请多名印度人做模特写生。抗战期间，这两幅画在海内外多次展出并在新闻媒体上宣传，鼓舞了民众誓死抗战的决心和士气。在香港举办展览时，《愚公移山》也被陈列在最显著的位置。

《珍妮小姐》

1942年徐悲鸿先生回到国内后，同样是不停地举办义展、义卖、募捐等活动，仍如同一匹驰骋在

《愚公移山》油画

战场的战马。同年，他在云南保山举办义展，将卖画所得全部捐献。

徐悲鸿先生既是艺术家，更是一名“战士”，他用艺术家的特殊方式在与日寇战斗。

徐悲鸿先生用自己的一生，对“伟大的爱国主义艺术家”这一称谓，做了最好的诠释！

白石老人与《七鸡图》

张英秋[1]

齐白石

在中国人民抗日战争纪念馆的藏品中，有一幅国画大师齐白石画的《七鸡图》。画面上有7只栩栩如生、活灵活现的小雏鸡，左侧有题款“卢沟有事后无画兴今秋翻陈案矣　白石”，名章为白文“齐白石”，压角印为朱文“吾家衡岳山下”。右侧绫裱上有启功先生题跋：“此寄萍老人兴会极高之作，盖卢沟变后，水火之中，虽时弄翰，宁有佳兴。此幅题云今秋翻陈案矣，乃指敌寇投降，画中史料可实也。”

由此可知，这幅《七鸡图》，乃齐白石老人于抗战胜利后所画，七鸡即取七七的谐音，指卢沟桥事变。经过几十年来的风风雨雨，这幅画被藏家捐献给了抗战馆，这是它最好的归宿。

艺术大师齐白石为什么会画这幅《七鸡图》？这要从齐白石老人的性格与当时的背景说起。白石老人是一位爱国者，卢沟桥事变后，北平沦陷了。他体验到了当亡国奴的痛苦与耻辱，于是愤然辞去了北平艺术学院和私立美专的教授职务，闭门谢客。他把一腔的忧郁，国家沦亡的愤恨，丧偶的苦痛和对故土的眷恋之情，对友人的思念，一一倾注在诗书画印之中，

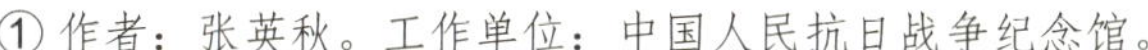

① 作者：张英秋。工作单位：中国人民抗日战争纪念馆。

这就是他当时的心态。

其实，在九一八事变之前，许多来华的日本人士，特意前来探望他，求他作画，他都一一以礼相待，常常信笔挥毫，为之作画。但是，九一八事变发生后，情况起了根本性的变化，他怎能为侵略自己国家的日本人作画呢？他的尊严、他的感情都不允许他这样做，他耻于做这些有愧于国家和民族的事。沉默是他唯一可以采取的反抗办法，对于日本人，来信他是从来不回复的，宴饮，也一概拒绝参加，来人能不见的就尽量不见。一位朋友告诉他，来华的日本人中，也不乏友好之士，他们对于日本军国主义政府的侵华战争也是深恶痛绝的。因为这种不正义的战争，不仅给中国人民、亚洲人民带来灾难，也给日本民族和人民带来了痛苦。然而，这么多人，这么多的来信，他哪里知道谁好谁不好，谁是朋友，谁是敌人？这正如市肆上他的真画与假画混杂一样，真假难辨。所以，他决定回避一切与日本有关的人和事。

齐白石故居

1933 年初，他刚刚度过了 71 岁的生日。他一边同假画斗争，一边又不得不抽出一定的时间与精力，同这些在他看来神秘的日本来客斗争。前者是为了捍卫他的画格，后者则是维护他作为一个中国人的尊严与气节。这些困扰，虽然无端地耗去他不少的精力，但是，他仍倾注全力于他毕生所热爱的艺术。而且，只有在这斑斓的色彩之中，他才看到了春光的明媚，生命的多彩，人生的丰富。只有绘画艺术，才能使他一颗被现实深深刺痛了的心得到安宁和慰藉。

《七鸡图》

有个汉奸求画，齐白石画了一个涂着白鼻子、头戴乌纱帽的不倒翁，还题了一首诗：“乌纱白扇俨然官，不倒原来泥半团，将汝忽然来打破，浑身何处有心肝？”

1937 年日本侵略军占领了北平。齐白石为了不被敌人利用，坚持闭门不出，并在门口贴出告示，上书：“中外官长要买白石之画者，用代表人可矣，不必亲驾到门，从来官不入民家，官入民家，主人不利，谨此告知，恕不接见。”齐白石还嫌不够，又画了一幅画来表明自己的心迹。画面很特殊，一般人画翡翠鸟时，都让它站在石头或荷茎上，窥伺着水面上的鱼儿。齐白石却一反常态，不去画水面上的小鱼，而是画深水中的虾，并在画上题字：“从来画翡翠者必画鱼，余独画虾，虾不浮，翡翠奈何？”齐白石闭门谢客，自喻为虾，并把做官的汉奸与日本人比作翡翠鸟，意义深藏，发人深思。

沦陷时期，国立艺专聘他为教授，他在装聘书的信封上写下“齐白石死了”5 个字，原信退回。有一个伪警察想借机索要他一张画，也被齐白石严词拒绝了。

当他得知日本侵略军已经日暮途穷时，心中十分兴奋，开始以老鼠、螃蟹为题材作画，借以讽刺日本侵略者和汉奸。朋友们见他这样，担心敌人借故寻事，劝他明哲保身，平安度日，他深不以为然：“我残年遭乱，留一条老命，还有什么可怕的呢！”他依然这样画下去，进行着自己特殊的斗争。

日本宣布投降后，白石老人和亲朋好友举杯相庆，乘兴写了一首诗：“柴门常闭院生苔，多谢诸君慰此怀。高士虑危缘学佛，将官识字未为非。受降旗上日无色，贺劳樽前鼓似雷。莫道长年亦多难，太平看到眼中来。”于是，也便有了我们如今看到的《七鸡图》。

绝世名伶梅兰芳

曹　楠[1]

梅兰芳

1931年九一八事变发生后，日本侵略中国东北。一位大艺术家被迫从北京迁居上海。到上海后，日本侵略者的猖狂野心和当局的“不抵抗政策”都使他预感到形势的严峻。为应和国内的抗战气氛，他倾注了极大的爱国热情，连续赶排了《抗金兵》《生死恨》等剧，以期鼓舞全国人民的抗日士气。与此同时，他接到了苏联官方的演出邀请，他很期待去看看这个“十月革命”后经历了20年社会主义建设的新国家。然而，正当一切准备妥当时，发生了一段小插曲。如果按原计划乘火车去苏联，则必须经过“伪满洲国”。得知此事，他明确向苏方表示：绝不会踏过日本侵略者侵占下的中国土地去苏联，否则宁愿取消此行。苏方见他态度坚决，不得已改派专轮将他先接到海参崴，然后再在那里乘火车直达莫斯科。抵达苏联后，他的演出大获成功，原定8场演出，被增加至15场，大部分苏共政治局委员和包括高尔基在内的文艺界知名人士都到场观看，最后一场谢幕达18次之多。这位具有铮铮傲骨的大艺术家便是京剧大师梅兰芳。

梅兰芳生于清末光绪二十年（1894年），虽出身

---

① 作者：曹楠。工作单位：北京市委党史研究室宣传教育处。

梨园世家，但4岁丧父，12岁丧母，家道中衰。可以说，家境的诸多变故，很早就在梅兰芳的心中烙下了坚韧、多思的性格印记。梅兰芳8岁学艺，11岁登台，不仅刻苦钻研京剧艺术和表演技巧，还在传统京剧的基础上大胆创新，对唱腔、念白、舞蹈、音乐、服装、化妆等各方面都有所创造性发展，形成了独特的“梅派”艺术风格。

1937年卢沟桥事变后，日本侵略者发动了全面的侵华战争，很快侵占了梅兰芳当时的居住地——上海。自此，梅兰芳开始坚决拒绝登台演出，不给日本侵略者表演。由于断绝了经济来源，梅兰芳一家生活窘迫，甚至靠典当度日。此间，曾有一个伪装成好人的汉奸数次上门纠缠游说：“演几场普通的营业戏和政治毫无关系，您现在坐吃山空，生活很不宽裕，只要梅老板出来演一场，一百根金条马上送到府上！”在这种情况下，很多朋友劝说梅兰芳为了生计去演出几场；但也有朋友极力劝荐梅兰芳拒绝演出，避免给日本人留下口实。多重压力聚于梅兰芳一人身上，最终，梅兰芳喝道：“这个口子开不得！千里之堤，溃于蚁穴，我们不能上这个当！”同时，梅兰芳开始考虑离开日本占领区，迁居香港。

1938年初，梅兰芳全家移居香港，深居简出，很少露面。为了消磨时光，他每天作画、练习太极拳、打羽毛球、学英语、看报纸、看新闻。他喜欢画飞鸟、佛像、草虫、游鱼、虾等物，这些作品给家人和剧团人员带来了很多快乐。

《生死恨》剧照

1941年，日本占领香港，梅兰芳开始思考对策，并想出了“蓄须发明志”的办法。他在回忆这段经历时说：“当时只感觉到形势越来越严重，得想个办法对付。有一天早晨正对着镜子刮脸，忽发奇想，如果我能长出泰戈尔那样一大把胡子就好了。于是我3天没刮脸，胡子长得还真快，小胡子不久就留起来了。虽没有成为飘洒胸前的美髯公，没想到这还真成了我拒绝演出的一张王牌。”

在此期间，曾有汉奸褚民谊来劝演降，他本身也是资深票友，梅兰芳拒绝之后，嘲讽他说：“你演得好，不如你自己演吧。”梅兰芳还对友人说：“别瞧我这一撮胡子，将来可有用处。日本人要是蛮不讲理，硬要我出来唱戏，那么，坐牢、杀头，也只好由他了。”

1942 年 1 月，香港的日本驻军司令酒井看到梅兰芳留蓄胡子，惊讶地问：“梅先生，你怎么留起胡子来了？像你这样的大艺术家，怎能退出舞台艺术？”梅兰芳回答说：“我是个唱旦角的，如今年岁大了，扮相也不好看，嗓子也不行了，已经不能再演戏了，这几年我都是在家赋闲习画，颐养天年啊！”数日后，酒井派人找梅兰芳，一定要他登台演出几场，以表现日本统治香港后的繁荣。正巧，此时梅兰芳患了严重牙病，半边脸都肿了，酒井获悉后无可奈何，只好作罢。

为了摆脱香港日伪的纠缠，梅兰芳一家当机立断，离开香港返回阔别 3 年

梅兰芳故居

多的上海老家。此举令日本侵略者恼羞成怒，将其存于香港银行的高额存款全部冻结，梅兰芳全家的生活顿时举步维艰，梅兰芳夫人急中生智说："报纸登出了何香凝女士卖画谋生的消息，我们不妨也来学她。发挥你的绘画才能，卖画度日如何？"于是，夫人磨墨，丈夫绘画，很快画了20多幅鱼、虾、梅、松。当市民看到醒目的"本店出售梅兰芳先生画作，欢迎光临"的广告时，争相购买。不到两天就全部售罄，许多知名人士还提出为梅兰芳办画展。

《抗金兵》剧照

然而日伪汉奸获知此事后大肆捣乱，派来便衣警察提前进入展览大厅大做手脚，驱赶前来参观的群众。梅兰芳走进展厅后，发现每幅画上都用大头针别着纸条，分别写有"汪主席订购""周副主席订购""冈村宁次长官订购"……还有一些写着"送东京展览"。梅兰芳夫妇目睹此景，气得两眼冒火，立即拿起桌上的裁纸刀，刺向一幅幅图画。"哗！哗！哗！"几分钟内所有国画化为碎纸。梅兰芳的毁画举动，很快传遍整个上海以至全国。宋庆龄、郭沫若、何香凝等发表声援讲话，称赞梅兰芳民族气节凛然，为世人所敬仰。广大群众也纷纷寄来书信，支持梅兰芳的爱国行动。梅兰芳看到全国人民对他如此赞赏和支援，感动得热泪盈眶，兴奋地对夫人说："我梅兰芳再也不是一只孤燕了！"

之后不久，汪伪特务头子吴世宝提出要宴请梅兰芳做一次慰问演出，并于次日对梅兰芳夫人说："几年不见梅老板，听说蓄起了长长的胡须，是不是为了在国民面前要个面子？如今日本人当道，还是识相点为好。"梅夫人当即回击说："梅兰芳是个中国人，岂能出卖祖宗、放弃节操！"特务头子听后勃然大怒，硬领着梅夫人去看血淋淋的刑具，接着又在宴席上端来一铁罐硝镪水进行威胁，梅夫人毫不畏惧，镇定自若地说："硝镪水岂能毁掉他的国格和人格！"言罢，拂袖而去。在这一严峻形势下，梅兰芳夫妇想起在香港以牙痛驱走日本人的经验，连续注射了3次伤寒预防针，冒着数日高烧40摄氏度的生命危险，佯称病重。日本人来后，摸了梅兰芳滚烫的额头，信以为真，只好无奈地摇着头走了。

1945年8月，抗日战争胜利了。正在全家欢庆的那一天，梅兰芳忽然从客厅里不见了，老幼正在诧异，梅兰芳眉开眼笑地以折扇半遮着脸的下部从内室出来，幽默地笑道："瞧！我给你们变个戏法儿！"然后，他像魔术师般地缓慢地移开折扇，露出了依然当年的青春面容，小胡子突然消失了！这引起了全家和许多在座老朋友的一片欢呼。

凄美青衣泪　铁血赤子心

——程砚秋故居

李月圆[①]

在西四北三条（原报子胡同）狭窄的巷子里，一座古朴的四合院静静地矗立着，与其他民宅并无异样，只是那曾经鲜艳的朱漆大门早已不见了往日的颜色；屋顶的枯枝荒草轻轻摇曳在风中，似乎是在提醒人们，这座平凡的小院也曾历经风雨沧桑；低矮的院墙默默地守护着这座坚固老宅，亦如它曾经的主人——程砚秋先生，以一名戏曲艺术大家的忠诚与果敢，守护着中华民族的精神与气节。而这座坐北朝南的两进小院，正是程先生自1938年定居于此，到1958年离世这20余年间，艺术成就与爱国情怀的深刻见证。

程砚秋先生原名承麟，1904年出生于北京，满洲正黄旗人，后改汉姓为“程”。

程砚秋故居

① 作者：李月圆。工作单位：奥运博物馆。

《红拂传》剧照

幼年丧父，为生计所迫拜当时的京剧名旦荣蝶仙为师，童年时期遭遇了很多磨难。所幸得遇恩师罗瘿公，并在其帮助下拜梅兰芳为师，并受教于王瑶卿，在“倒仓”的不利条件下，勤学苦练、勇于创新，最终形成了优雅婉转、深邃曲折的独特唱腔和“声、情、美、永”并重的艺术风格，成为“程派”创始人和京剧“四大名旦”之一。程砚秋以御霜为字，并将居所中前院北房的书斋命名为“御霜簃”，这其中的“御”字意为抵御，而改艺名为砚秋，则是以“砚”字寓意勤勉顽强，这都是程砚秋寓民族精神于艺术生涯的真实写照。

卢沟桥事变爆发前，“程派”艺术已日趋成熟，程砚秋更是集创作、导演和演出于一身，进入了自己艺术生涯的黄金时期。北平沦陷后，程砚秋毅然加入中华戏剧界抗敌协会，并通过一系列抒发爱国主义情感的剧目，如《蜀亡鉴》《荒山泪》《文姬归汉》等，明确地表达出自己反对侵略、捍卫家国的强烈民族气节。此时，日伪正为笼络北平人心而绞尽脑汁。他们多次找到程砚秋，以邀请其参加社会活动为由，企图把他拉拢到亲日派的阵营中，而程砚秋始终坚守着决不卖国求荣的信念，屡次拒绝。一天，日本人通过梨园公会找到程砚秋，要他为日本捐献飞机进行“义演”，程砚秋正言厉色地拒绝道：“叫我们中国人演戏，得来的钱他们去买飞机炸弹，再来杀害我们中国同胞，决不能做这种助敌为虐、屠杀自己同胞、没有人性的罪恶勾当。”日伪多次碰壁后，开始疯狂地报复程砚秋，不但不准电台播放他的唱片，还派人以刺刀镪水毁坏秋声社戏箱。面对敌人的种种暴行，程砚秋始终秉持

程砚秋荷锄务农

着“苟利国家生死以，岂因祸福避趋之”的态度，誓死捍卫民族尊严。

1942年，程砚秋在上海演出后经天津回到北平，刚下火车就被宪兵队和特务以对待检查态度不好为由，带到车站的一间小屋里，他们不问青红皂白，对程砚秋就是一阵拳打脚踢。怎料程砚秋自幼便有刀马旦的好功底，又曾拜武术名家学习太极拳，因而仅凭一己之力就把几个伪警和特务打得全无招架之力。脱险归家后，程砚秋料定敌人不会轻易善罢甘休，便对夫人果素瑛说：“我程某就是不给日本人唱戏，看他们到底能把我怎么样！”程砚秋孤身一人与敌正面交锋的壮举在梨园界迅速传开，赢得了同行和民众的钦佩与敬仰。

抗战的最后两年，敌人在北平大规模搜捕“政治犯”和爱国人士，程砚秋的住所也在深夜遭到突然搜查，一家人几经辗转才得以幸免于难。为了表达对日本帝国主义侵略暴行的抵制和控诉，程砚秋毅然决然地告别了自己深深眷恋的京剧舞台，放弃了富足的生活和万众瞩目的光环，以“停演”的方式，践行着“闭心、闭目、闭口”的“三闭主义”，也执着地坚持着一位戏曲名家的“无声的抗战”。

终于，持续了8年之久的抗日战争取得了胜利，在西山隐居多年的程砚秋不仅回到了他的京剧舞台，更代表国剧工会在电台发表了慷慨激昂的演讲来庆祝抗战胜利。此后，程砚秋“开心、开眼、开口”，不仅到各地义演，还积极创办学校，著书立说，培养弟子，使程派艺术得以发扬光大。

1958年，年仅54岁的京剧大师程砚秋因心肌梗死永远地离开了他所热爱的戏曲舞台，而这座朴素雅致的小院，也见证了这位梨园大师的一腔爱国热忱。特别是前院的“御霜簃”和会客厅，程砚秋不仅每日在此练功、吊嗓，还不间断地进行艺术创作和培养学生，与同行挚友切磋交流。可以说，“御霜簃”是程派艺术的发祥地，它的名称也如程先生的人品与戏品一样，果敢、坚毅、清雅脱俗。

书房前程先生亲手栽种的柿子树，每到秋天，就挂满累累硕果，亦如程派京剧，人才辈出，薪火相传。新中国成立前后，周恩来总理曾两次登门造访，表达了党和人民对程砚秋艺术成就和爱国热情的肯定与感动。程先生逝世后，经中共文化部党委批准，追认其为中国共产党正式党员。这是对一位爱国的共产主义者、一名戏曲战士的最高褒奖。而这座见证了程砚秋半生心血与奋斗历程的小院，也于1984年被列为北京市文物保护单位，继续为后人讲述这位优雅谦和的京剧大师辉煌灿烂的艺术人生和可歌可泣的抗日往事。

西四北报子胡同 8 号
——一处鲜为人知的抗战见证地

谢景懿[①]

原西四北报子胡同 8 号（即现在的西城区西四北三条 21 号）是座四进的标准小四合院，建筑装修布局合理。前院是门房和车库，院内东房、北房、西房、南房之间有廊子相连，中院东北角有一口甜水深井。四合院正门在报子胡同中段路北，面对小绒线胡同北口，后门通寿壁胡同（现西四北四条），后院西屋有备用门通西侧院（即原报子胡同 9 号张宅后花园）。在抗日战争时期，此院看似是

西城区西四北三条 21 号

① 作者：谢景懿，原北京铁路三中语文教师。

一家普通民宅，实为“平汉铁路工人破坏队”在北平市内的秘密办公点——一处鲜为人知的抗战见证地。

宅院主人谢植伦先生，原名谢常，经名叶海亚，1900 年生于河北省易县大巨村。成年后的谢常热心公益、主持公道，反对邪恶、排解纷争，在当地是个有影响、有威望的人物。

1937 年七七事变后，华北沦陷，抗战全面展开。恰逢平汉铁路工人破坏队（北段）总指挥张瑞蓂先生，奉命回到家乡易县，发展成员壮大力量。谢常的抗敌之心、报国之志得以实现，遂与姻弟瑞蓂妹夫一拍即合，参加了他的抗日组织，担任了长辛店平汉铁路第四督导段情报组长，奉命举家迁至北平。先在北平宣外牛街刘胡同 28 号定居，后搬到北平内四区西四北报子胡同 8 号住下来。这里的住家是表象，实为抗日的平汉铁路工人破坏队（北段）在城内的联络部。

谢植伦先生信仰虔诚，是牛街礼拜寺、三里河清真寺及锦什坊街清真寺的知名乡老，他联系很多教亲共为抗战服务。他有众多身份，包括古玩玉器铺老板、客栈老板、香烟行老板，等等，实则为长辛店铁路工人抗日活动的组织者。他们经常想尽各种办法破坏平汉铁路，炸毁桥梁，扒开轨道，炸毁机车，等等，致使日军管辖下的南北运输的大动脉——平汉铁路北段，经常运输中断。平汉铁路工人破坏队北段的总指挥张瑞蓂先生与助手谢植伦先生共同指挥，配合默契，组织平汉铁路北段特别是保定地区的教亲们成立回民支队，保卫家乡，英勇抗日。谢植伦先生参与过许多反抗日军的秘密活动，配合主战场和游击队有效地破坏日本侵略者在平汉铁路的正常运输，给了侵略者以致命打击。有军事专家曾评价说，有时一个情报组的战斗力可以大于一个团。平汉铁路工人破坏队回民支队的教亲们，有爱国爱教信仰作为支撑，他们勇敢不怕死，誓与敌人——日本侵略者血战到底。

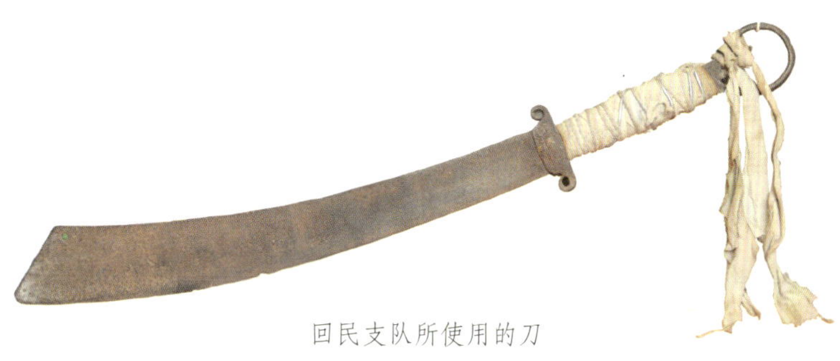

回民支队所使用的刀

平日，谢植伦很少亲自出去执行破坏交通的任务，但有时也例外。他老伴曾回忆过这样一件事情：“平时这位‘大掌柜’，穿着比较讲究。那年，他让我给做一套青粗布棉袄、棉裤，一双布鞋，要实纳帮的，说是穿着去轰羊……我不知他到底干什么，也不敢多问。…… 他一个大掌柜的，手下有那么多徒弟，怎么还亲自去轰羊？当时哪知道他在领着一些人去破坏鬼子的铁路呀，那要是让日本人知道了，准得没命！可那时候，这人什么都不跟我说，嘴严着呢。”现在明白了，谢植伦这样做一方面是严格遵守保密的原则，另一方面也是怕家里为他担心。

为了工作方便，他结交了一些“高层”人士，便于从他们那里获取情报，以便开展工作。干牛羊行既是他的本行，又便于和易县以及外边的“商人”取得联系。在平汉铁路北段的各个机要部门（当时叫“课”，如调度课、供应课）都潜伏着铁路工人破坏队的队员，他们及时地将平汉铁路日军列车的动态情报传到报子胡同8号，再从报子胡同 8 号转到沿线的各个站点 。这些勇敢不怕死的回教兄弟们，每每执行任务之前，都抱着与敌人同归于尽的决心。在他们的心里，性命固然重要，然而保家卫国、阻击敌人的信念，却比自己的生命更重要。破坏队所使用的炸药，是由清华大学金属物理学教授叶企孙的弟子熊大缜研制的TNT（黑色火药）烈性微型雷管炸药，有时也是从报子胡同 8 号转运出去的。这些炸药，为炸毁鬼子的机车立了大功，一炸一个准，列车残片能飞起 3 丈高。

在抗日时期，报子胡同 8 号看起来是个不起眼的民宅院落，实际却做过了不起的大事呢！

石景山铁厂抗战事琐记

燕　青①

石景山铁厂即后来的北京首都钢铁集团（简称首钢），位于北京天安门西侧17公里处，永定河畔。这是中国近代史上最具传奇色彩的钢铁厂之一。自1919年至今，它经历了中华民国、日伪统治、国民党接收与新中国4个阶段，新中国成立后曾经是中国第一大钢铁厂。2008年北京奥运会，首钢又进行了中国工业史上规模最大的一次停产搬迁。从1919年石景山钢铁厂的设计选址到2011年首钢全面停产，首钢工业遗址资源几乎跨越一个世纪。

1935年日军侵入华北，1938年4月，日伪兴中公司正式接管龙烟铁矿石景

依然矗立的原厂区设备

① 作者：燕青，北京师范大学历史学院在读硕士研究生。

山炼铁厂，改为石景山制铁所，从此，石景山钢铁厂开始了日伪统治之下的北支那制铁株式会社石景山铸铁所的8年。

1938年秋天，中共党员白振东和王长林奉上级指示先后来到石景山开展地下斗争。他们积极宣传共产党的抗日道理，讲述八路军、游击队抗击日寇的故事，鼓舞工人的斗志；在工人群众中秘密散发宣传的小册子与传单，使众多工人受到了党的抗日思想的教育和鼓舞，播下了抗日与革命的种子！1944年秋冬前后，石景山制铁所的“警防部”查获我党散发的宣传品后惊恐万状。他们在《制铁所月报》与《防卫月报》中屡屡记载：“中共地下党，冲破我方重重防卫罗网，潜入制铁所内四处奔走，向苦力进行宣传活动……”

随着共产党城市工作的日益展开，党组织进一步从解放区派遣干部到北平一带执行任务，需要有一个掩护同志们活动的联络点。这年冬天，白振东和王长林接到了上级党组织的指示，在石景山成立了一个“民生土木建筑公司”包工柜，以此掩护被解放区派来执行任务的同志，并进一步加强领导工人的对敌斗争。自此，从解放区来的人，首先在公司落脚，挂上个名字，取得合法身份，然后就可以开展活动了。工作完成了，人也不露痕迹地撤走了。

首钢里的铁路，2010年拍摄

1941 年 12 月，石景山制铁所当局在第一高炉顶部放气烟囱上捆绑杉篙悬挂日本国旗，集会庆祝制铁所一高炉大修竣工以及日本侵略军攻陷长沙、郑州。何文、李树德等华工，机智地开启炉顶大小料钟（炉盖），放出炉火，顿时将“膏药旗”烧毁。接着日本人再插“膏药旗”，何文他们再放出炉火烧掉。最后，日本侵略者不得已把“膏药旗”插在了炉腰，成为广大华工的开心笑料。

1944 年 7 月 13 日，日本驻华使馆向石景山制铁所发出了“生产加强旬”的指令，在此期间，日产生铁平均要达到 380 吨。当时，石景山制铁所的生产很不景气，第一高炉实际只有 85 吨，第二高炉实际只有 61.5 吨。

为了达到生产要求，制铁所安插宪兵、警备队员和工头威逼工人超强度地干活，中共党员卢焕章与广大工人以“泡”“毁”“走”三字诀与敌斗争。“泡”就是有监工看着就假装干活，监工一走就歇；白班不好“泡”就夜班“泡”。“毁”就是上料时拣 100 多斤的大块矿石往料罐里装，以延长冶炼时间；或是光上焦炭，怎么炼也炼不出铁来。另外，火车司机与旗钩工密切配合，制造火车脱轨翻车等重大事故，以拖延进度。“走”就是工人设法逃走，或是转到别的“包工柜”干活。工人们靠着这三字诀破坏了制铁所的“生产加强旬”计划，最后只完成了指令的 55%，生铁平均日产 210.2 吨。以后，制铁所当局又组织了数十次“生产加强旬”，但是一次不如一次，毫无起色。工人们的斗争破坏了日本侵略者的出铁计划，有力地支援了全国人民的抗日斗争。

1945 年春天，日军在战场上连连受挫。时任石景山炼铁厂警卫队中队长的杜辉借夜间巡逻之机，将日本人民反战同盟人员岗野尽发出的《劝降书》贴在了所长木川正男的房门上，内容大致如下：

日本民众：大日本帝国发动的侵华战争极其错误，给日中人民带来痛苦。凡有良知的日本人应认清形势，奋起反正，弃暗投明！

岗野尽

昭和二十年六月

次日清晨，木川所长看见《劝降书》贴于自家门上，揣测八路军已来到近前，不禁毛骨悚然，急电石景山区防卫部的日本宪兵大佐菊池阳三，引发“防谍”恐慌。

1945 年 8 月 14 日夜 11 时，日本天皇裕仁通过广播电台宣布接受波茨坦公告无条件投降。8 月 15 日早晨，石景山制铁所的工人们得知，日本天皇宣布无条件投降。工人无不欢欣鼓舞，情不自禁地振臂高呼：“抗日战争胜利万岁！”

十里钢城承载的 91 年的悠悠历史不会熄灭，8 年抗日峥嵘只是首钢历史中的一小部分但却是重要的部分。在这 8 年的岁月里，首钢工人在中国共产党的领导下，学习了先进的思想，点燃了革命的火苗，善于思考创造，勇于奋斗反抗。在此后的解放战争、新中国成立初期以及改革开放时期，首钢都以与时俱进的思想和艰苦奋斗的精神渡过了一个又一个的难关，铸造了一个又一个的辉煌！

正阳门箭楼为抗日救亡打开了一扇窗

夏明明[①]

前门是正阳门的俗称，始建于明正统四年（1439年），包括城门、箭楼和瓮城。正阳门自建成起，就一直是北京的象征，也是唯一一个箭楼开门洞的城门。如今前门的瓮城已被拆除，不过巍峨的箭楼和城门还在，仍然保留了城门可以通行的功能。作为北京繁华的核心地区，每天有千千万万的游人、行人从城门楼下穿过，

箭楼北侧具有特殊意义的窗户

① 作者：夏明明。工作单位：北京正阳门管理处。

高耸的门洞不需任何梁柱支撑，厚重的大门、敦实的门钉上携带着几百年来抚摸的痕迹。穿越城门洞的时候不禁令人肃穆敬畏，感受将近600年历史的城门凝聚的北京故事。

尽管前门已经是北京城市生活中再熟悉不过的一部分，但是不知你可曾注意，在箭楼的北侧墙面上，开了一扇窗，这在其他的城门和箭楼的建筑中是绝无仅有的。这扇窗并非始建之初已有，而是在中华大地面临日本侵略者的嚣张气焰时，为救国图存、振兴中华而打开的一扇窗。

民国十七年（1928年）八月，正阳门箭楼露台上门楼北墙忽然搭起了脚手架，原来这是由南京国民政府下令，将实业部国货陈列馆从彰仪门迁至正阳门箭楼。1928年11月，正阳门北平国货陈列馆开幕，这也是正阳门箭楼首次对公众开放。箭楼东、南、西三面共有94个箭窗，普通灯光照明尚显不足，北面开设窗户后，采光条件大为改善，为国货陈列馆以箭楼为馆址，长年在此（1928年11月至1940年12月）对公众开放奠定了条件，而这一窗口也见证了该馆积极参与抗日救亡运动的历史。

箭楼内国货陈列原貌

1931 年日本发动了九一八事变，将触手伸向了东三省，东北沦陷，华北告急，日本在伪满洲国的统治以及帝国列强对中国实行的倾销，引发了远在北平的国货陈列馆的担忧。“本馆工作计划”第一期（自二月十二日至四月三十日）“重新布置各区陈列室”中说：“东北特产部，以陈列东北四省之出品，使人触目惊心，有所观感！”北平国货陈列馆严厉指出：“两年来，除了政府开始筹备经营的几种新工业（如酒精厂、造纸厂、硫酸亚厂……）之外，我既有的民族工业（如纺织、陶瓷……）多受外货的倾销而告崩溃，新工业很少有所建立，皆为无可讳言之事实。……由新征品的类别与性质中发现我国工业的无长进与前途的黑暗！”

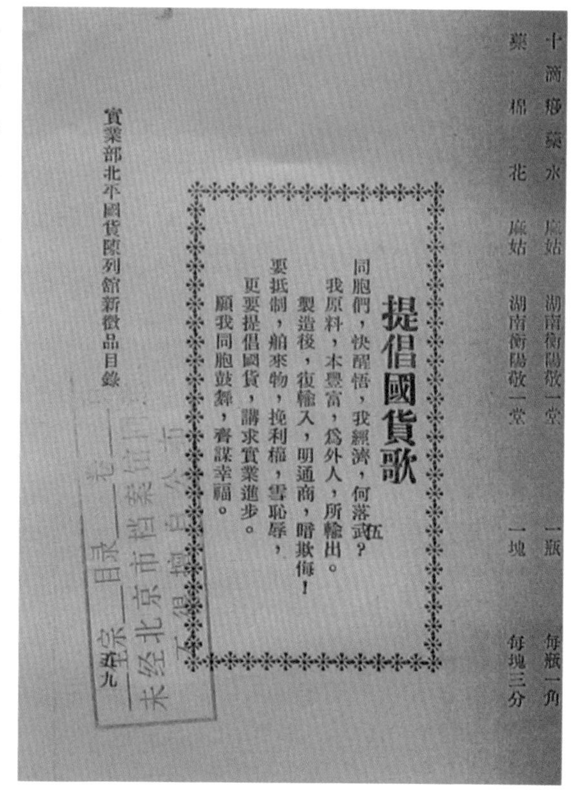
十滴痧藥水 麻姑 湖南衡陽敬一堂 一瓶 每瓶一角
藥棉花 麻姑 湖南衡陽敬一堂 一塊 每塊三分

提倡國貨歌（五）

同胞們，快醒悟，我經濟，何落伍？
我原料，本豐富，爲外人，所輸出。
製造後，復輸入，明通商，暗欺侮！
要抵制，舶來物，挽利權，雪恥辱，
更要提倡國貨，講求實業進步。
願我同胞鼓舞，齊謀幸福。

實業部北平國貨陳列館新徵品目錄

北平国货陈列馆进行国货宣传的歌词

北平国货陈列馆将国货划分为 7 等，“中外合资、国人经营、外国原料、国人工作”等标准，也在国货之列，这在当时的理念来看是比较先进的，体现出重视实业的有识之士对中国经济和工商业前途的长远考量。“东北特产部”的开辟，是北平国货陈列馆在经济上对抵抗日本侵略的有力一击，国货陈列馆在用人上优先录用抗日人士，并且积极对学生进行宣传，提出“学生要做提倡国货的领导者！妇女要做提倡国货的先锋队！商人要做提倡国货的拱卫军！”“是中国人就要爱中国货，不爱本国货就是亡国奴！”“提倡国货是救亡图存的有效方法！”“国货陈列馆可使生产者有以观摩！国货陈列馆可使消费者知所采购”等振奋人心的口号，控诉日本军国主义对中国经济的破坏。

北平国货陈列馆，虽然只持续开放了 12 年时间，后由于局势变动，无奈之中迁移至北海蚕坛，也难以维持展示国货、抵制外货的本意，但是就在这 12 年坚守国产经济的时间中，涌现出了一位衷心爱岗、为国货事业鞠躬尽瘁的馆员郭勋。郭勋经历了国货陈列馆从创立之初到发展壮大再到衰败的过程，敬业精神极佳，前述很多馆务工作都留下了他的足迹，也正是在这种日夜操劳的工作中，在时不我待的抗日救国危机感中，郭勋积攒下了一身的病痛。哪怕是带着病痛，也无法成为他懈怠工作的理由，真正击垮了郭勋意志和身体的，是国货陈列馆后期衰败的萧条境况。

1940 年前后，北平国货陈列馆在重压之下，逐渐将工作重心转变为“接待外宾”，日本兵进驻北平之后，对北平古老庄严的城市规划非常神往，多次欲践踏作为守城威严象征的正阳门，以抵抗日本经济侵略为己任的国货陈列馆岂能容忍日寇的轻率，坚决拒绝日军登上箭楼。可是，穷凶极恶的日本士兵，竟然举着刺刀威胁郭勋等馆员，强行在箭楼进行“身心锻炼”，郭勋看着这一幕，悲愤交加，心中的酸楚苦痛只能咽进肚里。

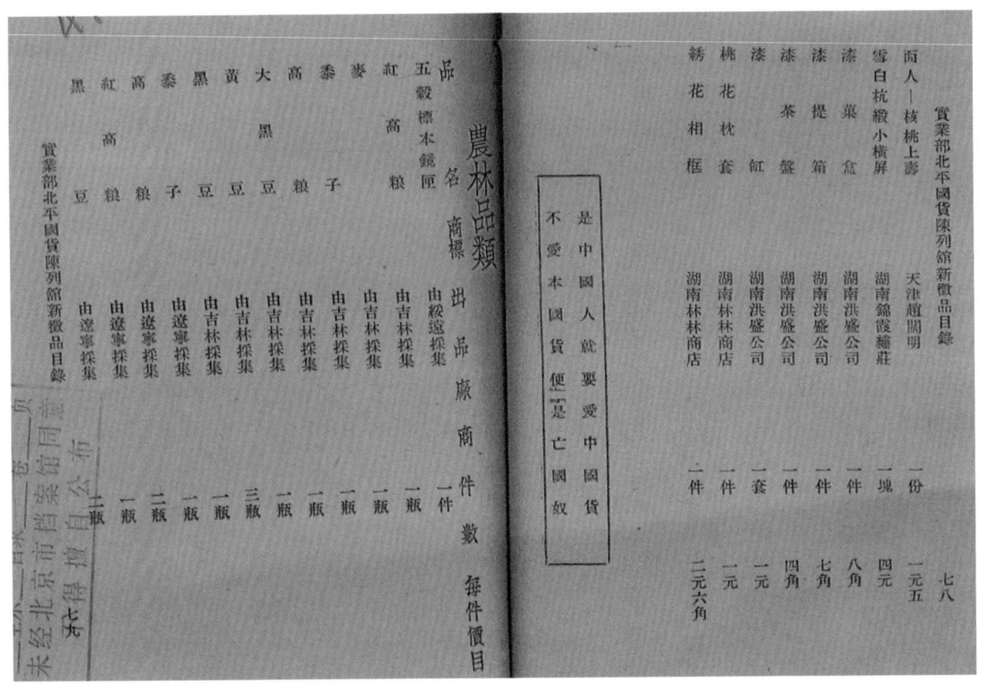

農林品類

品名	商標	出品廠商	件數	每件價目
五穀標本鏡匣		由綏遠採集	一件	
紅高粮		由吉林採集	一瓶	
麥		由吉林採集	一瓶	
黍子		由吉林採集	一瓶	
高粮		由吉林採集	一瓶	
大黑豆		由吉林採集	一瓶	
黃豆		由吉林採集	三瓶	
黑豆		由吉林採集	一瓶	
黍子		由遼寧採集	一瓶	
高粮		由遼寧採集	二瓶	
紅高粮		由遼寧採集	一瓶	
黑豆		由遼寧採集	二瓶	

實業部北平國貨陳列館新徵品目錄 七七

實業部北平國貨陳列館新徵品目錄 七八

品名	出品廠商	件數	每件價目
面人—核桃上壽	天津趙闊明	一份	一元五
雪白杭緞小橫屏	湖南錦霞繡莊	一塊	四元
漆菓盒	湖南洪盛公司	一件	八角
漆提箱	湖南洪盛公司	一件	七角
漆茶盤	湖南洪盛公司	一件	四角
漆缸	湖南洪盛公司	一套	一元
桃花枕套	湖南林林商店	一件	一元
綉花相框	湖南林林商店	一件	二元六角

是中國人就要愛中國貨
不愛本國貨便是亡國奴

箭楼国货陈列馆的救亡爱国口号

逐渐地，北平国货陈列馆成了“外宾”集中采购纪念品的场所，郭勋对此忧虑成疾，他多次表示国货陈列馆的大门不应向侵略者开放，然而在当时的局势下，他的建议已经无人理会，无奈中的郭勋一病不起，整日在医院中度日。为国货事业奉献一生的郭勋，最终却因为无钱支付医药费，而在医院中凄凉离世，实属悲哀！

当日军和所谓的“外宾”喜笑颜开地登上正阳门箭楼、购买纪念品的时候，他们应该为这里曾经有一位坚决抵抗他们进入的普通馆员而感到畏惧；当保卫国货、抵制外货的大本营最终式微之时，北平的儿女应该为这里曾经有一位坚守岗位的普通馆员而放下气馁，再扬国威。

巍巍正阳门，见证了北京城作为帝王都城的辉煌，也见证了国家疮痍满目，北平沦陷的苍凉。当时的它还不知道在不远的将来，它将目睹伟大的胜利和新中国的成立；在更远的将来，它还会亲历中华民族的崛起、复兴。北平国货陈列馆是正阳门众多历史记忆中的一个耀眼的片段，北平的抵抗是无声的抵抗，普通人如郭勋，都在各行各业、用自己的方式，表达着对侵略者的仇恨。

正阳门打开了抗日救亡的一扇窗，如今，请这扇窗继续敞开，鞭策中华民族发愤图强，富强兴盛吧！

北平抗战中的“满铁”秤砣

王挺斌[①] 元 伟[②]

在民间抗战文物收藏家朱先生那里，还收藏着一只“满铁”时期的大秤砣。从外表来看，这只秤砣和我们小时候经常见到的那种杆秤的秤砣很相像，但个头却相对较大。其材质应该是生铁一类，由于时代久远，秤砣周身布满了斑驳的锈迹，上端吊环合口处的铁锈甚至已经变得红黄。侧身铸有两竖行字，但我们只能依稀辨认出左行的“秤量二百斤”5个字，右行貌似是3个符号，铸字都是外凸的阳文。在铸字的另外一面，还有一个凸起的符号。

满铁秤砣，图案为满铁标志

值得一提的是，这只被北京民间收藏家珍藏的秤砣，却并非产自北京，而是一只地地道道的“满铁”秤砣，秤砣上凸起的符号，即为“满铁”标志。“满铁”，全称为“南满洲铁道株式会社（みなみまんしゅうてつどう）”，英文名为“South Manchuria Railways Co.”，简称SMR。

20世纪30年代初，在发动九一八

① 作者：王挺斌，清华大学人文学院在读博士研究生。

② 作者：元伟。工作单位：北京燕山出版社。

事变、侵占东三省之后，侵华日军执行“以战养战”的战略计划，进行大规模的金融掠夺，这是一条“看不见、摸不着”的“经济战线”——货币战、贸易战以及物资战。1932 年 3 月 15 日，日军在长春召开建立满洲中央银行准备会议。1932 年 6 月 15 日，满洲中央银行在长春正式成立。接着，日军硬性规定东北其他银行必须转存部分资金到满洲中央银行。同时，他们还增加赋税、增发纸币，又强迫东北企业以及居民储蓄。伴随着野蛮的金融侵略，日军还进行疯狂的工农业掠夺。在工矿业方面，他们提出“产业开发”计划，并旋即建立了特殊公司制度，即“满铁”与“满业”（“满业”全称为“满洲重工业开发株式会社”），其中“满铁”被视为日本的“国策会社”，又称为“日本在中国的东印度公司”，实际上是以公司的名义实行恐怖的殖民侵略，这是日本经营东北的核心机构。在农业方面，日军大肆掠夺土地、搜刮农产品。为加强社会控制以及经济掠夺，日本侵略者还利用了警察机构，其部门划分是各色各样的，诸如铁路警察、海边警察、森林警察、边境警察、司法警察、保安警察，等等。为了有效地对搜刮的农副产品进行称重，日军为其操控的满铁警察配备了规格统一、种类完善的度量工具。

那么，这一本属于满铁警察的大秤砣，何以会流落到北京呢？通过走访才知道，这秤砣背后还有一段曲折而又不为人知的抗战故事呢！

1938 年，在共产党的感召以及全国抗日救亡运动的强烈影响之下，原来为

“满铁”制作的“满洲事变纪念”装甲车模型

日军服务的“满铁”警察护路大队——张保正（音）部队弃暗投明，决心起义抗日。之后他们主要活动在北平的宛平地区、平西百花山一带，以游击战的形式对日军进行阻击和抵抗。与此同时，为了发挥自身在征收、输送物资方面的先天优势，他们主要负责给八路军萧克的部队收购征集粮食、棉花等物资，而做这些事会用到大量的度量衡工具，比如各种型号的秤，而判定秤级别的一个标志就是秤砣称量的大小。现在眼前这只“秤量二百斤”的秤砣，属于秤量比较大的一种，这种型号的秤一般需要 3 人以上才能完成称重，其中两个人抬着称物，一人负责称重并记录数据。征购军备物资通常数目庞大，因而这种大型的称重工具运用较为普遍。

古语说：“兵马未动，粮草先行。”在北平地区的抗战中，面对装备精良、来者不善的日军的疯狂进攻，如何对军需相对薄弱的八路军进行后方补给，就显得至关重要，在这中间，以张保正（音）部队为代表的补给部队发挥了重要的作用。他们往往要冒着被日军“围剿”的危险深入高危地带，有时甚至需要全副便衣装扮，为的只是掩“日”耳目；他们也会时不时地受到日军战火的威胁，但他们依旧铤而走险；为了避开日军耳目，尽快将军需物资送至前线，他们在收购、

日本伪满洲计量器株式会社量斗

输送后方物资时，常常需要行走偏僻崎岖的坎坷地带，车马劳累、不分昼夜，倾覆颠簸、失事伤亡的可能性很大。但是，他们都坚持过来了。他们坚持着抗日救国的信念，经历了战火的洗礼，成了抗战胜利的功臣。

触摸着这枚沉甸甸而又通体冰凉的秤砣，指尖划过它身上的缺损和锈屑，想到它也曾同无数先烈一样穿梭在枪林弹雨中，也无数次沾满过烈士的泪水和鲜血，不禁感到一种炽热的力量在掌下酝酿。不难想见，当时的英雄们曾在秤砣上留下了记忆，可能是任务危急时不辞劳苦的汗水，也可能是为国捐躯时壮志未酬的血泪。这只称重 200 斤的秤砣，凝结的不仅仅是杠杆那头的等量物资，更承载了每一位具有历史使命感的中国人的那份沉甸甸的爱国之心。

文物小档案

藏家：朱燕君先生（民间抗战文物收藏家）

流转经过：此件文物之前被新华通讯社原副社长杨居仁收藏，后杨居仁先生因病去世，将所藏的抗战文物留传给朱燕君先生，并将文物的来源、典故一并交代，请朱先生妥善保存、传续。

素材来源：新华通讯社原副社长 杨居仁先生

故事讲述：朱燕君先生

史料考证专家：中国人民抗日战争纪念馆研究员 张量先生

参考文献

1. 陈争平：《中国近现代经济史教程》，清华大学出版社，2009 年。

2. 王玲仁：《论满铁对华的经济掠夺》，载《东北史地》，2007 年第 4 期。

没有共产党就没有新中国

何彬

第四篇章

每一颗子弹，消灭一个敌人——反击与曙光

抗日民族统一战线形成之后，中华各族儿女同仇敌忾，对抗日本侵略者，中国共产党领导下的八路军更是与日军展开了殊死决战。数不清的正面交锋，灵活多变的游击战术，战场上的针锋相对，战场下的暗自较量，倾诉着军队誓死守卫家国领土的决心。八年抗战，满腔血与泪，艰难困阻多，但北平终于迎来了曙光。

巧除日军

——马家堡火车站事件

苏 杭[①]

许言午（后中）

这是一场由中共地下党精心策划的震惊日军的大“事故”，却有着出人意料的结局，时间是1944年，地点是当时北平的马家堡火车站。

马家堡火车站遗址位于今南三环外的马家堡村马草河以北，马家堡路和马家堡东路之间，北距南三环50米，铁路是东西方向。20世纪60年代初期，尚有废弃的一段旧铁道和车站遗址，铁道是窄轨的。根据地基复原，车站原形坐北朝南，布局为3个长方形纵向相连，略似“凸”字形，站房在北，站台在南，再南为铁道。车站总占地面积不小于1500平方米，月台长近90米，宽约11米，约有1000平方米。现地基保存较完整。

马家堡车站， 曾经是京城第一个火车终点站，在义和团火烧“洋物”的运动中，马家堡车站也被认为是“洋物”而被付之一炬，后被英国人修复。而在抗日战争中，马家堡火车站还发生过一件鲜为人知的颠覆日军列车事件。

① 作者：苏杭。工作单位：中国人民抗日战争纪念馆。

当年的马家堡火车站，只有3间平房和4个工作人员，是个很小的车站。它的作用就是用来会车。许言午是站长，也是中共北平铁路工作委员会的地下党员；申连科是扳道员，身材高大，是入党积极分子，剩下的两人均为扳道员。

北京的7月正值雨季。一天，申连科偷偷地对许言午说："老许，车站信号灯的线路太老了，下雨的时候有时联电，信号灯会随时变色，你看是否修一修？"听了这话，机智的许言午马上想到路局方面发来的通知，要求沿途加强保护从北京开往青岛的304次特别快车，车上有日军的重要人物。富有地下工作经验的许言午意识到，这是一次极好的机会，他朝申连科会意地一笑，并对他说："不必修了，这对我们有用途，正要拿它搞出个大名堂。"经过商量，他们制订了一个周密的计划，决定利用信号灯问题在304次日军列车上做文章。

7月11日晨，天上下着蒙蒙细雨。许言午、申连科密切注视着304次列车驶来的方向。时针指向7点钟，依稀可闻列车的汽笛声。它喷着浓烟，以每小时75公里的速度，耀武扬威地向马家堡车站驶来。距离车站越来越近了，在准确地估算之后，许言午向申连科示意，申连科立即打出列车从干线通过的信号，同时将铁轨扳到列车会车的安全停靠线上。开车的日本司机看到通过信号，丝毫没有减速，列车高速冲向安全线，只听轰的一声巨响，火车冲出铁轨，车头一下子扎进了铁轨尽头的沙土里，只露出顶部的烟筒。后边的车厢却并没有停止，一节挨一节地互相撞击起来。火车的撞击声、锅炉的爆炸声混成一片，震耳欲聋。

信号灯

事后申连科立即撤离，许言午留下

来观察事故结果后再进行撤退。敌人严令重点保护的304次特快列车发生了如此重大的事故，立刻震惊了日伪当局！304特快的第一节车厢是铁结构的货运行李车厢，损伤不是很重。第二节车厢是豪华的一等车厢，由于是三道木梁结构的，在后边二、三等铁结构车厢的猛烈撞击下，这节豪华车厢翻出铁轨拧成了麻花，车厢里的100多人全部当场毙命。

得知结果，许言午知道自己也无法待下去了，他即刻回到办公室，取出雨衣，准备撤离。这时，闻讯赶来的伪警察已出现在车站，情况非常危急。可是伪警察并没有闯入办公室，只有北京铁路局警务部警务长刘建章一人走进了许言午的办公室。两人相视一愣，刘建章一跺脚，对许言午说："你真糊涂！"听到这句话，许言午赶紧从后门溜走了。原来，许言午在正定车站当副站长时，刘建章被任命为日伪方面的"特高课课长"，两个人经常做一些物资交易，许言午知道刘建章内心并不想为日本人卖命，这次刘建章故意放走了老朋友。

马家堡事件震惊了日伪华北当局，震惊了日本大藏省。因为这次事故毙命的人有由军方派来的中将军衔的日伪华北开发株式会社总裁，以及23名将、校、尉级军官，还有80余名日伪北京政府及铁路方面的官员。日本宪兵队在事件发生后封锁了马家堡车站，并严令过往列车放下窗帘，不准任何人向外张望，并从丰台车站出动兵力救援。为了缉拿"凶手"，日伪当局发出通告，捉拿许言午、申连科等人。可是，许言午同志此时已经到了解放区，向组织上汇报了事件的经过。

信号灯

半个月后，又是304次特快，又是在马家堡车站，又发生了信号灯变颜色而铁轨没有并轨的情况。这一次日本司机发现了，刹住了车。经过检查，发现是信号线路出了问题。于是，事件发生了戏剧性的转折。许言午他们制造的马家堡事件被定为技术事故，路局方面又发出通告，召许言午回站上班，不久升任西直门车站副站长，这样更有利于许言午同志在北平铁路的地下党工作。

马家堡车站脱轨撞车事件的战果不亚于战场上千军万马的敌我厮杀。这次特殊战斗，从发生到公开，经历了几十年时间，直到 20 世纪 80 年代中期，才由党史工作者采访许言午同志并整理成文，公布于世。马家堡事件是中共北平铁委地下党员许言午及党的积极分子申连科，机智地制造技术事故假象完成的一起颠覆日军列车的事件。许言午、申连科是抗战中我党许许多多的地下工作者的代表，他们在秘密战线困难重重、随时有殒命危险的情况下，坚持特殊斗争，在刀与火的边缘为民族独立奋斗不已！作为中国人民抗日战争纪念馆的一名普通工作者，我愿每一位走进这个纪念馆的人，每一位中国人，都要记住那些为了民族独立而战斗、牺牲的有名字的英雄和没有被记住名字的英雄！

刺杀日军军官事件

陈　洋[①]

1940年11月29日上午9时50分左右，多田司令部中佐高月保、乘兼悦郎（中文历史档案中写作高悦、森荫）等人，骑马行至东皇城胡同14号美国教会远东宣教会迤西鸿顺成煤铺（今地安门东大街89号）门前马路中央，突然遭到骑着自行车的中国抗日勇士的枪击。

当日，遇刺的日本军官骑着高头大马，从西向东行驶，走到煤铺门前时，“一抗日勇士，年龄在30岁左右，身高5尺（约183厘米），大眼睛，颧骨高耸，下颏尖细，眉眼之间距离稍宽，脸色苍白，他身穿青色短衣，黑色裤子，裤腿系有腿带，头戴黑色皮制帽，帽子上顶系有结。脚穿黑色布鞋，灰色袜子。脸上戴着黄色皮质口罩。抗日勇士骑着八成新黑色自行车从日本军官的西北方向，向两名日本中佐连开7枪。马和人都受重伤，在场的日本随同将二人送往附近医院，而抗日勇士，骑车便往西去，去到离现场100米的石桥后，便不知道去向了。”这是当时的日籍目击证人所报告的情况。

事情发生后，日军下令封锁北京城，根据现场留下的弹壳和证人的供述，全城通缉抗日勇士，伪政府的工作人员开始盘查附近的居民。该文物就是当时日伪警察署抓捕抗日勇士的通缉文件。

该事件的发生并不是偶然的。1940年11月13日，日本“御前会议”通过了实行持久战方针的《支那事变处理要纲》，这就意味着，日本将不再承认以重庆为陪都的中华民国国民政府，而是一手扶植在南京的汪精卫伪国民政府。而预计公布承认的日期便是事件发生的后一日——11月30日。面对这样的事实，国

---

① 作者：陈洋。工作单位：中国人民抗日战争纪念馆。

民党军统人员，便在北平城内制造了这样一起震惊世界的暗杀行动。

两位被刺日本军官都有着尊贵的身份，都系贵族出身。来北京前，高月保中佐担任日军参谋本部作战课作战班长，乘兼悦郎中佐在陆军步兵任职。两人分别于11月13日、8月1日被派遣到日军华北方面军任作战参谋，分别担任作战主任、人事主任。我们所看到的大多数中文资料，都认为二人是天皇特使，所以刺杀二人意义非凡。但实际情况是二人当天正在为了即将举行的防空演习而进行视察。1940年11月29日上午9点左右，二人骑马从中央饭店（今北京饭店，1940年由日本人占据）出来，高月保中佐手拿地图，按地图标记巡察市内地理状况。枪击事发地点，东皇城根，是一条安静的住宅街，二人对此处并不熟悉。当二人行进到煤铺前，发生了上文所说的枪击事件。高月保背部中3弹落马，其中一发子弹留在肠内，致其当即身亡。乘兼悦郎心脏上部中了两弹，重伤住院治疗，他俩的乘马各中一弹。

11月30日，日军华北方面军司令部发表了事件情况，并要求北平当局和市民协助逮捕犯人。北平日本宪兵队在队长由里龟太郎的指挥下组编成特别搜查班，北平日本宪兵队总部特高课课长阿部起吉中佐在案发现场进行了勘查验证，并在宪兵队司令部特殊班进行了子弹等的鉴定。驻北平日军封锁了北平城，严格监视进出城人员，并在城内开始了全城大搜查。北京伪政府当局也悬赏5万元（另有中方资料

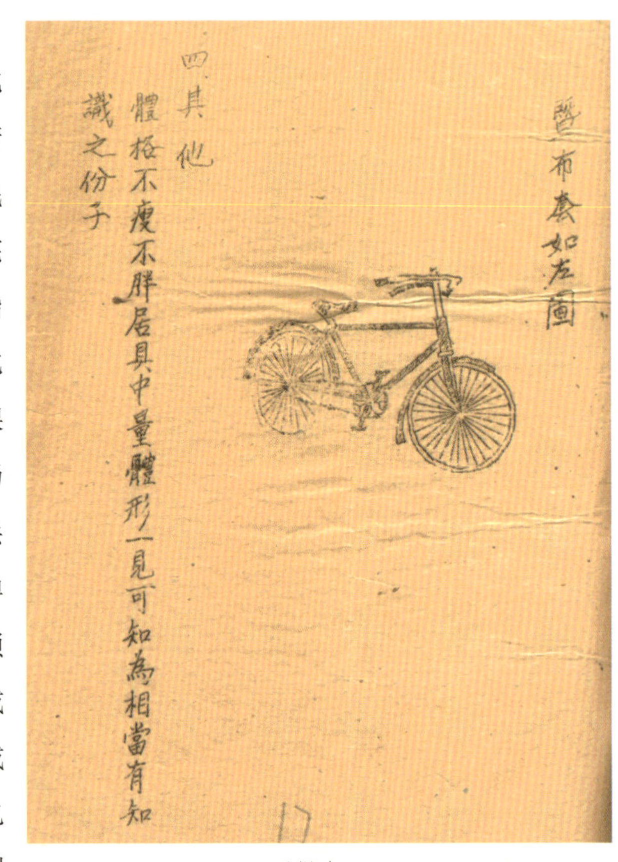
暨布套如左圖
四 其他
體格不瘦不胖居其中量體形一見可知為相當有知
識之份子

通缉令

说“1万元”）捉拿刺杀者，并到处张贴刺杀案犯使用的自行车、所戴皮帽的形制的照片。驻天津的日本宪兵队、宪兵教习队、茂川机关（特务机关）、警乘分队等也行动起来，尽全力想早日捉拿刺杀者归案。

而北平的老百姓欢欣鼓舞，相互转告，越传越神奇：有的说，西山八路军进城了，专打日本兵；有的说，北平城外全是抗日的队伍，敌人快完蛋了；有的说，重庆方面派人刺杀了他们。一时间大家的抗日热情空前高涨。1940年12月1日出版的《新民报》头版刊登了这一消息，标题是“京师一大不幸事，日本军官突被狙击”。

日本宪兵教习队指挥教习兵在北平城内大举搜查，并在北平伪政府、警察局的协助下，按户口彻底搜查。在茂川机关机关长茂川秀和中佐紧密协力下，12月30日逮捕了潜伏于北平市内的薄有陵。1941年1月初，刺杀者之一的麻景贺（中方资料记载为“麻景贤”）被捕。

接着，北平日本宪兵队特别搜查班又开始追查事件的另一重要人物邱裕民，最终通过诱捕方式抓到了邱裕民。经过残酷的审讯，麻景贺和邱裕民最终供认了刺杀经过。此时距案件发生时间已经过去了近两个月。

据审讯，刺杀事件是国民政府军事调查局（NIJ军统）所属北京区行动小组的麻景贺和邱裕民所为。这两人是国民党中央军第八十师的大尉和少尉。当时依据重庆国民政府的指示，军事调查局已经接受了暗杀亲日派要人的指令。为防止刺客被逮捕，暴露暗杀组织的全貌，行动小组以两人为一组，组织互不横向联络。刺客只知道组内的人，这样即使有人逮捕叛变也不至于全组织被逮捕。

9月下旬，麻景贺、邱裕民伪装成普通市民，携家带口来到北平。但是，那些亲日派要人身边警戒森严，两人一直未能得手。因此，重庆方面来令斥责二人进展缓慢，后又对二人下达命令，让二人暗杀日军高级军官。因此，二人事先选择了人迹稀少的东皇城根，以自行车为等待目标。29日上午9时左右，华北方面军高级参谋高月保和乘兼悦郎乘马而来进入二人视野，二人确认了袭击现场周围状况，毅然行动，当日军官骑到二人对面，双方擦肩而过的时候，麻景贺、邱裕民放下自行车，拔出手枪从他俩背后一顿痛射，在现场留下7枚弹壳。由于当时急于救治两名日本军官，所以，他们得以顺利骑车离开现场。高月保和乘兼悦郎被袭击，只是因为他们是日军军官，而不是什么中方资料所陈述的“天皇特使”的特殊身份。

在审讯中，麻、邱二人最初交代将手枪扔到了北海公园湖中。于是，日军动员苦力在严寒冰冷的水中大肆寻找，未果。经日本宪兵再次拷打询问，他们才供出手枪被藏在家中墙壁中。手枪被发现后，经比对，和死者高月保肠内子弹的旋孔一致，成为定案的重要证据。不久，麻景贺、邱裕民于 1941 年 2 月 15 日被枪杀于天桥刑场。

刺杀日本军官的惊天一击，虽然改变不了敌我的总体实力对比，但无疑让骄横的日军遭受了沉重的打击，让北平人看到了希望，鼓舞了中国人的抗日勇气，虽然无数的抗日爱国志士相继倒下，但北平内外仍然与日军进行着顽强的斗争，一直到 1945 年 8 月 15 日，日本正式宣布无条件投降。

石碑之殇
——清代墓碑上的抗战印记

任　友[①]

在朝阳区北小河北岸北皋村南的农田里，立着一座清乾隆五十二年（1787 年）竖立的墓碑，该碑原坐北向南，现坐南朝北。石碑汉白玉石质，螭首龟趺，碑宽 1.04 米，厚 0.40 米，高约 3.00 米。趺座长 2.65 米，宽 1.10 米，高 1.10 米。石刻通高 4 米有余。碑文满汉合璧，额篆“圣旨”，碑阴无字。

该墓碑主人王进泰生于 1704 年，于雍正元年（1723 年）承袭骑都尉。乾隆朝历任镶黄旗汉军副都统、天津镇总兵、四川提督、正黄旗汉军都统职。官至杭州将军、署闽浙总督、浙江巡抚，曾随驾平定大、小金川，主张“米多贱买以纾民力”。

经过两百多年的风吹雨淋，石碑上面已然有了岁月留下的痕迹。忽略那些时间之刀刻下的印记，在碑身上方，我们能明显看到两处非自然力造成的缺处。何人又是何物，能在这坚固的石碑上留下如此显而易见的痕迹呢？想来，历经 200 年，这座石碑后面，定也有着故事。

为此，笔者于 20 世纪 80 年代末 90 年代初，走访了当地的村民和看坟人后代，经其讲述，发现这石碑痕迹，果然关系着一段非同寻常的历史。

这个地方，名叫北皋村，南部是南皋村，两村之间以北小河为界分割南北，平日村民往来，在河边设有渡口，常年有船摆渡。“皋”字的古意通高，这非常符合古人居高依河而居的自然规律。时间还在日伪统治时期。倾巢之下，焉有完

---

① 作者：任友。工作单位：北京市朝阳区文化委员会文物科。

清代墓碑

卵？当国土沦丧，平民百姓安居乐业的生活顷刻成为泡影，不仅要遭受国之不国的悲痛，还要惨遭日军烧杀抢掠行径的蹂躏。

某年的六月下旬，正是北方的麦收季节，麦田里那尚未收割的小麦，就是劳累了大半年的农民未来的口粮与生计。他们内心充满了丰收的喜悦，却也无比焦灼。因为粮食眼看即将到手，而与此同时，盘踞在城里的日寇，也如那伺机而动、虎视眈眈的猛虎，加紧了对京郊粮食的扫荡掠夺。无论如何，他们也要赶在日寇到来前，将麦子收割，然后把粮食贮藏在更加安全的地方。

为了不让日寇抢到粮食，活跃在京郊的共产党游击队，连夜帮助农民抢收麦子，然后把收割的麦子趁着夜色运到离城更远的安全地带，抢着每分每秒的宝贵时间。收麦、运粮，游击队员和农民们，齐心协力，有条不紊地进行着。然而，还是没有完全避过日寇的爪牙。就在一天凌晨，日寇和伪军突然出城，摸到该地区，想趁火打劫。游击队一看形势不妙，果断地组织农民帮助他们把南皋村的麦子用船运过河，并以北小河为屏障，掩护收下的小麦安全转移。于是，石碑及河北岸堤就成了游击队伏击敌人的掩体。日寇追到北小河边，见有河水拦路，对面还有游击队员伏击，过河的可能性似乎不大，只能隔河望粮兴叹！但他们又岂能甘心如此无功而返？仗着自身的武器三八大盖制造精良、威力大、射程远，日寇于是就从河南岸向埋伏在河北岸的游击队射击。子弹与炮火掠过河面，呼啸着冲着游击队员们而来，也落在了这块矗立在河边的石碑上，擦出了我们如今看到的弹痕。之所以说这两处痕迹是弹痕，是因为别的武器，很难在坚硬的石头上留下如此明显的痕迹。

当年这场战斗究竟场面如何激烈，结果如何，现在不得而知，如今的我们，只能对着这块石碑，听老人们缓缓述说，然后遥想当年的烽火硝烟。这块祖先留下的高大丰碑，再一次为他的后代遮蔽了列强的侵略，用坚硬碑身为我们的游击队员遮挡了日寇的子弹。而这两处古代石刻文物上的弹痕，也成为日军侵略行径无言的控诉者，似乎在向我们中华民族的子孙们，诉说着那段屈辱的历史，警示着后人要发奋自强。

霞云岭飞出不朽的歌

霍丹琳①

北京房山区深山中的霞云岭乡有个堂上村，本来是个名不见经传的小山村，1943 年 10 月，就是在这里，当年只有 19 岁的挺进剧社宣传员曹火星创作了一首歌——《没有共产党就没有新中国》，迄今仍传唱不衰。那朴实的歌词、滚烫的旋律，表达出抗战时期亿万中国人民的心声，鼓舞和激励着中国人民奋勇前进，被誉为“颂党第一歌”。如今，这里已经建起了一座纪念馆，在陡峭的山崖石壁上，还制作镶嵌了一面 200 多平方米的鲜红的党旗，这里也成为全国著名的红色旅游景点，千万人的“朝圣”之地。为此，曹火星也成了中国家喻户晓、妇孺皆知的文化名人。

曹火星，原名曹峙，1924 年 10 月生于河北省平山县。1937 年，只有 13 岁的曹火星，刚刚考入保定中学，日寇的铁蹄就踏到了平汉铁路沿线。于是，他辍学回乡，参加了革命群众组织。1938 年，他调到了河北省平山县青年救国会的铁血剧社，从此开始走上了艺术创作的道路。后来，他参加了党领导下的挺进剧社，随着抗战时期我八路军敌后战场的游击作战，几经辗转，于 1943 年来到霞云岭乡上堂村，为了不打扰群众，就居住在村子里的一座破庙中。

红歌唱响的地方

① 作者：霍丹琳。工作单位：中国人民抗日战争纪念馆。

《没有共产党就没有新中国》歌曲创造地内景

1943年3月，蒋介石发表《中国革命之命运》一文，文中称“没有国民党就没有中国”，提出，中国只有一个政党——国民党，意图解散中国共产党。针对此不负责任之言论，8月，位于延安的中共报刊《解放日报》发表了《没有共产党就没有中国》的社论，与蒋介石针锋相对地进行斗争。

此时的曹火星，捧读着党的社论，心潮澎湃。他在回忆文章中讲述了当时的心情：“我写这首歌是动了感情的。抗日根据地的广大人民群众在共产党的领导下，克服种种困难坚持抗战，搞民主建设，使人民当家做主。搞土改发展生产，给人民改善生活……这些活生生的事实是我亲眼所见，人民的抗战积极性，对党的深情，我有亲身体会。没有共产党怎么会有坚持抗战到胜利的局面？没有共产党怎么会有今天？”曹火星把自己对党的衷心爱戴、对抗战的亲身感受、对人民群众深沉的热爱，以及来源于火热生活的灵感，统统凝结于笔端之上，化作铿锵的旋律。他坐在霞云岭堂上村的破旧庙堂里，借用当地流行的民歌形式“霸王鞭”，边写边唱，经过一天一夜的反复修改，终于，《没有共产党就没有中国》这一中国革命红色音乐的不朽之作诞生了！

《没有共产党就没有中国》这首优美旋律的歌曲诞生后，曹火星首先唱给并教会了剧社的战友们，而后又教会了堂上村的儿童团员们。他们打着“霸王鞭”，边舞边唱，很快把这首歌唱遍了霞云岭。不久这首歌的词曲在《晋察冀日报》上刊登出来，很快又唱遍了晋察冀边区，唱遍了各个抗日根据地。真情的旋律飞出山坳，飞上云端，不朽的歌曲随着抗日战争和解放战争的节节胜利，唱响了全中国！

曹火星在创作这首歌的时候，歌词中有一句歌词“坚持抗战六年多”，因为从 1937 年卢沟桥事变后全民族抗战开始，到 1943 年才 6 年多时间，这是忠于历史事实的。1944 年大家唱这首歌时，群众自发改成了“坚持抗战七年多”，到 1945 年全国抗战胜利，又改成“坚持抗战八年多”，歌词这才最终定论，这都是实事求是的真实写照。

1945 年 8 月 24 日，新华广播电台首次播音就翻唱了《没有共产党就没有中国》等革命歌曲。随着解放大军进军的步伐，这首歌就像长了翅膀，从地方传到部队，从晋察冀传到冀中、冀东，随着解放大军的步伐，又从东北传到华北，大军南下又传遍全中国。

那么，《没有共产党就没有中国》又是何时、为什么变成了《没有共产党就没有新中国》呢？一个“新”字，更加贴切地描述了共产党给中国带来的翻天覆地的变化。据说，这个“新”字和毛主席有关。

1950 年 6 月 1 日，新中国成立后的第一个儿童节，中央人民广播电台决定录制一批解放区的歌曲作为送给全国少年儿童的礼物。录制组一行首站来到华北军区“八一”小学，承担演唱任务的校合唱队，此前精心排练了《没有共产党就没有中国》这支歌。

《没有共产党就没有新中国》歌曲创造地

一天，一位名叫延燕的同学在回家路上边走边唱《没有共产党就没有中国》。这时，有人在身后操着湖南口音问唱的什么歌，并叫她再唱一遍。延燕回头一看，叫住自己的，竟是毛主席！延燕立刻站住，大大方方告诉毛主席自己唱的歌叫《没有共产党就没有中国》，接着又唱了一遍。毛泽东听了说："你唱得挺好，不过有个地方唱得不太对。我们中国共产党是1921年建立的，快30年了，而中华人民共和国是1949年成立的。中国已有5000多年的历史了，先有中国还是先有中国共产党？怎么能唱没有共产党就没有中国？"接着，毛泽东又和蔼地说："小鬼，我帮你加一个字就没有问题了，在'没有共产党就没有'的后面加上一个'新'字，改成'没有共产党就没有新中国'，你看怎么样？"延燕回到学校后，立即向老师汇报了毛主席改动歌词加"新"字的事。在庆祝新中国少年儿童节的演唱会上，同学们放声高唱了《没有共产党就没有新中国》这首歌。

没过多久，毛泽东又听到女儿李讷唱起《没有共产党就没有中国》，再次纠正说："没有共产党的时候，中国早就有了，应当改为'没有共产党就没有新中国'。"也有人说，当时的著名人士章乃器，听到这首歌曲时，也发现了这个问题，他曾向毛主席提出过此事。总之，不管怎么说，是博学多才、通晓古今的毛泽东主席在歌词中增添了一个"新"字，这既符合历史，也符合逻辑，真是一字之加重千钧啊！

在《没有共产党就没有新中国》诞生半个世纪以后，曹火星回到了堂上村，他激动地说："当年写歌的地方，我这一辈子也忘不了啊！"

70多年来，这首《没有共产党就没有新中国》，始终如旗帜，似号角，坚定着人民跟党走的信念，鼓舞和激励着几代中国人在中国共产党的旗帜下奋勇前进。堂上村，这个默默无闻的小山村，也因这首歌曲的诞生而发生了翻天覆地的变化。

曹火星把自己对党的热爱和对历史实践的亲身感受，化作无穷的力量，谱写出反映人民心声和时代真理的最强音，这不仅是对中国革命音乐事业的重大贡献，同时对于坚定人民群众对共产党的信念也产生了不可估量的影响。这发自内心的歌声是跨越历史长河的共鸣，是印证沧桑巨变的时代强音。它将让人们永远牢记中国共产党的英名，《没有共产党就没有新中国》必将世世代代永远传唱。

忆马灯背后的抗日英雄陆平

李　珮①

当你走进首都博物馆的“古都北京——历史文化篇”展览，你会发现在抗日战争部分有一件不起眼的马灯，它是谁用过的？背后又有什么故事吗？

任北大校长时的陆平

马灯是20世纪在中国产生的一种照明工具。它以煤油作灯油，再配上一根灯芯，外面罩上玻璃罩子，以防止风将灯吹灭，夜间出行时可挂在马身上，因此而得名，在20世纪70年代作为照明工具被普遍使用。

这件马灯的主人叫陆平，原名刘志贤，曾用名卢荻、刘蛰，1933年加入中国共产党。抗日战争时期，曾任中华民族解放先锋队全国总队部组织部部长，中共晋察冀分局青年工作委员会书记等职务。

工作中的陆平是个什么样的人？他在抗日战争中做出了什么样的贡献？

陆平同志在北京地区的抗日工作最初是从平西抗日根据地开始的。据陆平老友李德忠同志回忆，他和陆平同志第一次见面是在1935年，当时他以北平《晨报》特邀记者的身份参加了一次有关“一二·九”学生运动的会议，会议上听到陆平同志的发言坦率，条理清晰，讲话很有水平。1940年，他又被调到平西，

① 作者：李珮。工作单位：首都博物馆。

任平西地委书记，这时陆平同志任冀热察区党委秘书长，由于人手紧，他请区党委再派人来，为了加强地委的领导，区党委决定派陆平同志担任平西地委常委、宣传部长。

由于平西抗日根据地十分靠近日本在华北的统治中心北京城，日本视之为心腹大患，所以经常遭遇大“扫荡”。据李德忠回忆，其中有两次情况十分危急。

一次是 1942 年 7 月 1 日，他们住在河东村正准备庆祝党的生日，忽然发现敌人来了，于是他就和陆平带着警卫员一共 6 个人，往村后的山上转移，遇到敌人就打。当他们跑到山上以后，敌人看找不到他们了就不追了，他们在这山上待了半夜，第二天就转移到别的山上去了。如果敌人包围了村子，他们一个也跑不了。敌人“扫荡”的时间将近 3 个月，分三路至少有 2000 人，还有两个大队相当于两个连的伪军，而他们在河东的八路军只有 70 多人，斗争形势相当残酷，而那一次是很危险的。

陆平用过的马灯（藏于首都博物馆）

另一次是1942年10月1日，日本兵“扫荡”进攻他们整个平西地委机关，他们跟着萧克司令员一起转移反“扫荡”，因为机关太大不便行动，只能分开。他带些人随萧克转移，陆平则带着将近 10 个人去了昌宛一带。在这将近一个月的时间里，陆平他们又遇到了一次危险。一天他被敌人包围在一个村子里，日本兵有一个大队 100 多人，另外还有一些伪军，村子四周到处都是敌人，陆平当时身边只带着 3 名警卫员，他们边打边跑，跑着跑着，看到一块上边很平整，外边长满了杂草的大石头，于是他们就隐蔽到了石头下边的杂草里，4 个人都把子弹上了膛，做好了牺牲的准备。敌人到处喊着："抓陆平！要活的！"有的敌人还站在石头上高喊："抓陆平啊！抓活的啊！"他们屏住气端着机枪瞄准敌人，敌人喊了半天没有发现他们就只好撤了，这是陆平同志在敌人"扫荡"时遇到的最危险的一次情况。

青年时期的陆平

李德忠回忆，当年像这样的"扫荡"一年里有好几次，他们当时跟着挺进军司令部一起，他们到哪儿敌人就追到哪儿，他们和萧克还遇到过敌人轰炸，那个时候说不定谁什么时候就牺牲了，说见不到就见不到了。敌人大"扫荡"后他们回村一看，老百姓的牛羊都被敌人抢去了，房子也被烧了，他们的住处也没有了。面对敌人的频繁"扫荡"和经济封锁，在这种形势下还要准备召开会议，有全体县委书记再加上其他人员参加，大约 150 人，这么多人在哪儿开？房子和住处都没有了怎么开呀？这时陆平站出来说："我有办法，去把小赵找来，敌人'扫荡'的时候他挨了一枪，正在家养伤呢。"小赵被找来后一听情况也有些为难，陆平说："会是一定要开，吃、住由你完全负责。"李德忠说："不要逼他，他还要养病。"陆平说："相信吧！他有办法。"小赵说地方有，可以在计鹿村南山洼空地上搭个席棚子，粮食没问题，各家都可以捐出些小米、棒子，菜呢？他可以派人到蔚县去搞十几只羊，因为蔚县当时没怎么受到"扫荡"。这样计鹿会议就召开了。计鹿会议是平西军民为粉碎日寇经济封锁压缩我根据地和强化治安运动的一次重要会议。陆平同志主持会议，会议集中了平西全体党员干部的智慧群策群力分析了当前形势，总结了反“扫荡”的教训，研究出对策决定开展两面政权到敌后去。会议开了 5 天，决定把主力部队和地方武装干部分成 3 路到敌后去，并进行了分工。第一路是北平的咽喉要道昌宛，第二路是米粮川蔚涿怀，第三路是房涞涿平原。当时决定李德忠去昌宛，陆平去房涞涿。陆平说：“昌宛群众基础不好，还是我去。”敌人还在斋堂修筑了 3 个炮楼子，危险性很大。在这紧要关头，陆平把危险地区留给了自己，把稍好一点的地区让给了别人。

陆平同志在平西抗日根据地的工作干出成绩以后，又被派往了斗争环境更加险恶的平北抗日根据地担任副书记。

经过陆平同志在平北抗日根据地的不懈努力，平北地区的抗日形势大为好转，抗日力量逐渐壮大。1945 年初，平北地分委升为平北地委，陆平担任平北地委副书记。据陆平战友何光同志回忆，1945 年春天，敌后各抗日根据地已经处在紧张的准备向日寇反攻的形势中，平北地委和军分区领导研究决定，围困和逼退深入我方的雕鹗敌据点。陆平同志从后方回到平北，听了他的汇报后，着急地说：“这样下去可不行，必须马上解决问题。”陆平随即带着他去找军分区领导，提出了加强武工队力量的观点，两位领导当场商定，立即调四十团的一个排，配备一挺轻机枪和一个投弹筒，并调该团一位副连长任武工队队长，命令马上执行。这样一来，扭转了斗争被动局面，政治形势开始好转起来，区村干部和老百姓都很高兴，提高了斗争意志。

经过多年的艰苦奋战，陆平领导下的平西、平北抗日根据地得到巩固，老百姓衷心拥护共产党，八路军在北京郊区牢牢地站稳了脚跟。

青史先烈写　红旗后人擎
——记昌延联合县第一任县长胡瑛

高德强①

胡瑛

平北抗日烈士纪念园内陈列着一个老党员高有提供的墨盒，据他介绍这正是昌延联合县第一任县长胡瑛在平北地区开展工作时曾使用过的，胡瑛曾用它写过布告。

墨盒看上去极为普通，且有多处伤痕，直径 9.5 厘米，高 2.2 厘米，净重 0.33 千克。胡瑛同志就是用这一墨盒书写着抗日口号，深入群众宣传抗日，开展游击斗争。

1939 年，中共冀热察区委提出“巩固平西，坚持冀东，开辟平北”“三位一体”的战略部署，为开辟平北，我八路军梯次挺进平北，同时抽调了 20 余名干部组成了中共平北工作委员会。1940 年元旦刚过，中共平北工委领导的昌（平）延（庆）联合县的干部从平西出发，冒着呼啸的北风，躲着敌人的岗哨，穿过南口，越过长城，进入延庆县南山后七村一带，采取小型、分散、隐蔽的活动方式，宣传抗日思想，联合一切抗日力量。经过几天的艰苦行军，20 余名干部于 1940 年 1 月 5

① 作者：高德强。工作单位：平北抗日烈士纪念园管理处。

日夜晚悄然抵达延庆县的霹破石村，并驻扎在这里。他们进驻霹破石，即宣告昌（平）延（庆）联合县正式成立。这是中共决定开辟平北根据地之后建立的第一个联合县政府，县长就是年仅29岁的“老红军”胡瑛。

当时日军在昌延中心区周围建有20余个据点，加上各山头的几十股土匪，这里的粮食几乎被敌人抢光了，部队和地方干部有时一天都吃不上一顿饭，致使根据地难以巩固发展。

为了打开工作局面，胡瑛等人决定首先进行武装建设，在县政府干部会上，胡瑛积极号召同志们动员人民群众参加游击队，并语重心长地对他们说：“同志们，红军长征虽苦，但今天昌延县的环境比长征还要苦。敌人天天‘扫荡’、搜山，我们要抗击敌人的进攻，开辟抗日根据地，必须有自己的武装，没有武装斗争，是站不住脚的。”不到一个月，一支40余人的昌延县游击队就组建起来了，胡瑛兼任队长。游击队配合主力部队，先是消灭了昌延中心区的汉奸土匪，为当地百姓除了大害，获得了民心，扫清了障碍。接着游击队拔掉了盘踞在中心区周围的一些重要日伪据点，如袭击大观头据点，歼敌18人，缴获大枪17支；袭击莲花滩据点，将日伪70多人逼退至延庆县城。

在三四个月时间内，胡瑛几乎走遍了昌延县的各个村庄，发展党员200余人，在50余个村建立了村政权及抗日组织，使昌延县很快就成为平北地区一块巩固的根据地。

昌延联合县县长胡瑛使用过的墨盒

从 1940 年 5 月开始，日伪军集中 5000 余兵力，对昌延地区进行“拉网式”的大规模“扫荡”，企图摧毁这个刚刚建立起来的根据地。当时主力部队已撤到外线作战，昌延地区只剩下赵立业率领的十团九连少数部队。于是胡瑛和昌延联合县第一任县委书记徐智甫等人率领这里的人民群众，一起过着“游击”生活。

日伪军连续不断地进行“扫荡”和搜山，但昌延县的干部和群众始终坚持抗战。1940 年 8 月上旬，赵立业接到命令，要率领十团九连回团部，转移到外线作战。临行前，赵立业认为昌延县形势很严峻，想让县长胡瑛等人一同撤离。

可是，胡瑛想的不是自己的安危，而是昌延县的抗日工作。他说：“我是一县之长，县长不离县，离开不就失职了吗？我不能走。”昌延县的干部没有一个人离开，仍和群众在一起，留守昌延中心区，继续坚持抗战。

1940 年 8 月 27 日傍晚，胡瑛和县委书记徐智甫以及通讯员程永忠，在窑湾黄土梁的老乡王金喜家，碰头研究部队走后如何开展抗日斗争的问题，第二日清晨被 100 多日伪军包围。撤离过程中，胡瑛的腿被枪弹打断，坐在地上的胡瑛依旧举枪击毙了两个伪军，但最终被敌人杀害。日伪军在胡瑛身上搜出了大印，知道他是县长，竟残忍地将其头颅割下带走。徐智甫和通讯员程永忠在往外突围时，也不幸中弹，当敌人逼近时，徐智甫将最后一颗子弹留给了自己，程永忠也当场牺牲。

“小白龙”白乙化①

管 桦

还在抗日战争初期的时候，白乙化这个传奇性草原英雄人物的名字，就带着一种神话般的魔力，流传在冷口一带长城内外的大小村庄。他带领着人们开展对抗日本侵略者的英勇斗争，长城抗战的时候，当地的老百姓都亲切地叫他“小白龙”。

偶然的机会，使我见到他。那是1940年秋后，冀东军区派我们60多个同志到后方去学习，过平北的一段路程，由十团护送，他们的团长就是白乙化。迄今为止，回想起来，和白乙化相处的情景仍然历历在目，尤其是他机智对敌的情景。

此时，敌人在平北的围攻“扫荡”开始了。白乙化带着一个排，亲自去侦察一条必须通过的封锁线，封锁线上敌人已经布置了重兵。我们必须跟着十团活动一个时期，再找敌人的空隙到后方去。

敌人想趁十团没穿上棉衣的时候，把十团赶出平北根据地，拉网式地不住“围剿”。但白乙化带着掩护我们的队伍，老在前面走。夜里住下来，敌人埋锅灶做饭，我们也埋锅灶做饭，趁黑夜沿着那连山羊、野鹿都不敢走的悬崖山径，从敌人身边摸过去。天一亮，敌人又追上来，简直像甩不掉的牛蝇，你到哪里，他跟到哪里。

可是有一天下午，眼瞧着十倍以上的敌人到了眼前，我们不走了，干脆在一个村子里宿营了。不散开队伍去找地势，不架机关枪，没有任何战斗命令。

① 本文选自由平北抗日战争纪念馆主编，中国工人出版社2003年出版的《海陀风云》第四册，编入本书时略有删改。——编者注

白乙化烈士

不过即便真的想叫这些战士们端起枪来，跑步、卧倒、射击……也实在太困难了。司务长号房子的这个时候，战士们已经横躺竖卧地倒了一街。坐在那里背靠着墙的、靠着树的、靠着石头的，都一个个把脑袋垂在怀里，打起呼噜来。有些干脆睡在潮湿的地上。一个牵骡驮子的老炊事员，竟靠着牲口脖子，立着呼呼大睡。突然，他一个响得惊人的鼾声，把骡子吓得往一边躲闪，老炊事员失了依靠，便倒在地上。就这样，他的呼噜也没有间断。

可是敌人的大队人马确实向这边过来了，再爬两个山岭就到我们跟前了。这时候，白乙化在山头看完地形回来。他的脚步，就像踩着一块块露出河水的石头那样，在人群中间小心寻找空隙，在街上走。

他披着一件日本的军用防风衣，有卷曲胡子的脸上遮满灰尘，流过汗的地方，留下一道道黑印子。脖子上挂着个望远镜，吊在他宽阔的胸前。

他站在街当中，一只手把防风衣的一面前襟推向后背，撑着腰，喊道：

“嘿，怎么不进房子？”

长着小胡子的司务长，因为脚板子起了泡，一瘸一拐地走过来，两眼向外扫了扫，见有些人已经被团长洪亮的叫声喊醒，他便抬起脚跟，伸着脖子，嘴对着团长的耳朵，还用一支手掌遮挡着，悄声低语地不知说了几句什么。

白乙化见很多人都用猜疑的眼光望着他，他猛然在老司务长肩上拍了一下，哈哈大笑：“你呀，老弟瞧你说话的神情，仿佛又有了敌情啦！”

老司务长直呆着两眼，愣了一会儿，没头没脑地向我们大伙微笑着，一瘸一拐地分房子去了。

敌人已经来到我们宿营地的山前。

下面这些关于敌人的情况，是后来从俘虏的嘴里知道的：

肥胖的鬼子指挥官，坐在马上，拿望远镜察看了一下山岭，便翻身下马，在一块石板上打开地图，用红铅笔给军官们指示包围和进攻的道路，他脸上那股得意劲，肯定满想八路军是一个也跑不了啦。

“慢着！”旁边长着连鬓胡子的参谋长，拿着望远镜望着山岭，叫道，“八路！”

指挥官跳起来，手哆嗦着，拿起望远镜：一个人从山岭的一个凹口过去了，隐没在山岭的丛林里。接着，又是一个，两个……刺刀一闪一闪的。一个驮子过去了，后面又一个驮子……

敌人大队兵马向八路军出发的方向追了下去。

可是我们没有走，进了房子，洗过脚，吃过饭，就睡了。

第二天吃过早饭，战士们竟在打谷场上做起游戏来，丢手绢、走九连环、摸瞎子……

突然一个人走进场里，眼睛蒙着一条白布手绢，军帽檐推向后脑勺，左腿从弯着膝盖的地方绑着裹腿，不得不一瘸一拐地走着。他伸着两手，循着战士们说笑的声音乱摸。真有意思，白团长玩起摸瞎子来了。战士有的缩着脖，紧闭了嘴，忍住笑，躲过他的两手。有的跑过去摸一下他的鼻子，还有抓他胳肢窝的，抓得他张着

白乙化纪念碑

嘴巴哈哈大笑。他扯下手绢，松开绑带，喘着气，叫道：

“老弟，人要是变得有腿不能走路，有眼找不到敌人，就净剩下挨打啦，现在敌人就成了这个样子。怎么样？见了便宜不捡可有罪呀！捡不捡？”

回答像雷声响成一片：“捡啊，捡便宜……干哪！”

战士们愉快地交谈，彼此点头示意，相视而笑。一张张面孔，泛起愉快的红光。我发现，小白龙是这样简单迅速而又巧妙地让战士们像他一样去思索，去战斗。

我们吃过午饭就出发，埋伏在15里地以外路两旁山上的树丛和乱草里。白乙化蹲在最前面一块大岩石的旁边，拿望远镜望着丛林中的峡谷。敌人出现了，沿着崎岖的山路，向这边走来。他们追到天亮得到情报，八路军压根就没有动，又急忙往回里折。尖兵已经从我们前面过去，大队过来了。我们清楚地看见，敌人已经不成个队伍，仿佛被乱刀砍断了似的，三个一群，两个一伙，东倒西歪，有的竟倒在路旁。那些骑马的军官喊着要他们起来，可是那些倒下的鬼子兵，仿佛已经成了一堆堆烂泥，军官用树枝抽打着，也不见有人动弹。突然，一个军官从后面打马跑过来，喊了几声，就见敌人的大队，像被风暴吹倒的乱草一般，倒在路边。敌人休息了，在八路军面前躺下了，他们想喘口气，整顿一下疲惫不堪的队伍，再去包围我们。十几个放哨的鬼子兵到山坡上来，他们拽着野藤乱草，艰难地抬动着大皮鞋。敌人已经到了跟前，一个个脏黑的脸，眼窝都塌陷下去，支着颧骨，有几个乱草似的长满黑胡子，他们耸着肩膀喘气。再往前走，可就踩到我们战士的头上了。我们的机关枪猛烈地“哒哒哒哒”射出一排子弹，跟着手榴弹扔出去，十几个鬼子仿佛这才得到了休息，连喊一声都来不及，便倒在山坡上。

我们所有的机关枪、手榴弹都一齐响起来，而且踏着冲锋号声冲锋了。

白乙化在前面奔跑着，他高大的身影，照在夕阳的霞光里，防风衣迎风吹起来，仿佛鸟儿张开巨大翅膀。鬼子慌忙向我们射击，有些鬼子刚从地上爬起来，举起枪就栽倒在地上。我记得一个鬼子军官，拉着马，一只脚刚入了镫，子弹就从他肩膀穿过去，他一张手倒了下来，可是他一只脚还在镫里，那受惊的马，拖着他在山路上跑。

敌人差不多被我们“吃掉”了一半！

关于这次战斗，出了很多传说，八路军是神兵啦，天将啦，其实，只不过是白乙化使了那么一个计谋：他派了十几个炊事员赶着几匹驮子，在山岭上走一趟，把敌人引走，就回村里做饭去了。由于敌人错误判断我们的动向，所以才出现了之前的那一幕，待发现中计之后，他们来回折腾，我们以逸待劳，漂亮地完成了还击。

这次战斗结束，队伍准备最后打扫完战场出发，白乙化坐在山坡上休息的时候，说了这样两句话：

“对于敌人，我们相信他的狡猾，同时也要相信他的愚蠢！”

1941 年 2 月，在平北鹿皮关战斗中，白乙化挥舞着大旗带领战士们冲锋的时候牺牲了。敌人的子弹打进了他的太阳穴。白乙化像每一个把自己的一生全部献给壮丽的共产主义事业而牺牲的人一样不朽，像每一个为了使未来成为美好现实而牺牲的人一样不朽，像每一个唱着战歌、高举着熊熊的火炬、在黑暗的风雨飘摇的道路上倒下的人一样不朽。

白乙化烈士陵园

北京的“奥斯维辛”
——炮局监狱

海　涵①

吉鸿昌

“恨不抗日死，留作今日羞。国破尚如此，我何惜此头。”这是著名的抗日将领吉鸿昌临刑前留下的就义诗。当年吉鸿昌被关押和行刑的地方就是有名的炮局监狱，这里因为在抗日战争时期关押过3000余名抗日人士，也被称为北京的“奥斯维辛营”。

在北京东城区的东北部，有一条东起东直门北小街，西至柏林胡同的胡同，呈东西走向，西端南折，清朝时属于镶黄旗，乾隆时此地为炮局，即铸造大炮的地方，该条胡同因此而得名为炮局胡同。后来炮局废弃，这里成为大炮、军械及废炮的储存所。清末开始成为监狱。20世纪30年代，炮局监狱改名为“北平陆军监狱”。抗日战争全面爆发以后，“北平陆军监狱”成为日军华北最高军法机关“多田部队军法部”的监狱，在这里关押多名中国抗日志士。为了使戒备更加森严，他们在四周围墙中修筑了7座碉堡，因此整座监狱高墙、碉堡、岗楼密布，看起来十分阴森可怖。

著名的爱国将领吉鸿昌在天津被捕，被押往北京

① 作者：海涵。工作单位：北京燕山出版社。

后，就监禁在此地。

吉鸿昌，1895 年生于河南省扶沟县，早年加入冯玉祥部队，曾任宁夏省政府主席。1931 年，吉鸿昌将军被迫下野，“出国考察实业”。在国外，吉鸿昌利用媒体的采访，以公开形式用事实揭露日本侵略中国的种种罪行，并斥责国民党当局对日妥协的行径。淞沪会战爆发后，吉鸿昌秘密回国，寓居天津，并秘密与中共华北政治保卫局联系。不久，他整理出版《环球视察记》，借以抒发他忧国报国的热情。1932 年，吉鸿昌加入了中国共产党，由一名爱国的旧军人转变为共产主义战士，开启了抗日救国的新阶段。

1933 年，吉鸿昌联合冯玉祥、方振武在张家口组成了察哈尔民众抗日同盟军。9 月，部队进入北平山区，在国民党部分兵力和日军的夹击下，抗日同盟军战斗失败。为了保存抗日力量，吉鸿昌接受了国民党当局的调停条件，离开了部队。1934 年 5 月，吉鸿昌在天津组织成立了“中国人民反法西斯大同盟”，被推选为主任委员，进行抗日民族统一战线工作。他还在家里设立了一个秘密印刷所，发行了机关刊物《民族战旗》报。他的家也成为我党组织抗日人士的地下联络点。但吉鸿昌一直以来积极的抗战行为，早就引起了国民党当局的注意，同年 11 月 9 日，吉鸿昌在天津法租界内被特务刺伤后被捕，后被秘密移送到北平，关押在北平陆战监狱。

炮局监狱炮楼遗址

1934 年 11 月 24 日，天上飘落着雪花，特别冷。北平军分会接到密电，要求对吉鸿昌“就地枪决”。面对如此决绝的命令，吉鸿昌从容镇定地向敌人要来了纸和笔，奋笔疾书，不仅追忆了自己从事革命事业的曲折坎坷，也痛斥了国民党政府消极抗战、置民众生死于不顾的种种丑行。在这封革命遗书中，吉鸿昌给自己的夫人和亲属留下了最后的遗嘱：“夫今死矣，是为时代而牺牲……”时候到了，吉鸿昌披上斗篷，从容不迫地走出房门，走向刑场。走着走着，他忽然停了下来，抬头仰望一眼阴霾的天空，低头捡起一枝树枝，以树枝为笔，以雪中的大地为纸，写下了这首荡气回肠的就义诗：“恨不抗日死，留作今日羞。国破尚如此，我何惜此头。”写罢，他对身边的特务们说：“我为抗日而死，不能跪着挨枪，死了也不能倒下！”特务们惊愕地问：“你说怎么办？”“给我拿把椅子来，我得坐着死！”椅子搬来，吉鸿昌直面着敌人的枪口坐下，对拿枪的特务厉声说道：“我为抗日而死，死得光明正大，不能在背后挨枪。”行刑的特务被他的凛然之气吓得瑟瑟发抖。“你在我眼前开枪，我要亲眼看着敌人的子弹是怎样打在我的身上！”持枪的凶手吓得腿软，只好走过去，和他脸对脸举起了仿佛有千斤重的枪杆。最后，吉鸿昌用力高呼：“抗日万岁！”“中国共产党万岁！”枪声响了，时年39岁的吉鸿昌就这样仰靠在了椅子上，他的呼喊声和着枪声，惊天动地，伴随着英雄之魂和抗日精神响彻胡同上空。

七七事变后，日本发动全面侵华战争，北平地区迅速沦陷。炮局胡同也挂起了太阳旗。这里成为日军的军法部监狱，专门关押各地抗日人士，最多时达3000余人，被称为北京的“奥斯维辛营”。七七事变后，一批爱国青年不甘心沦为亡国奴，组织成抗日锄奸团，主要进行抗日宣传和暴力杀奸等活动。1940年左右，“抗团”在北平的恐怖活动中遭到严重破坏，7、8月间，抗团的50余名成员在北平相继被捕，均被关押在炮局胡同。另外，1942年2月，燕京大学教务长林嘉通、法学院院长陈其田、研究生院院长陆志韦等11位著名教授以“抗日嫌疑犯”罪名被捕，也曾监禁在此。

抗日战争后期，这里变成了“劳工中转站”。被抓的劳工，都要先在日本陆军监狱集中，人数凑齐后再被押送至天津塘沽，海运到日本各地充当劳力。

随着抗日战争取得胜利，炮局监狱的关押对象也发生了变化。“伪华北政务委员会”委员长王克敏和王揖唐、王荫泰等50多名大汉奸被羁押在这里。炮局监狱还关押过日本女间谍川岛芳子。日本投降以后，1945 年 10 月 10 日，川岛芳子被捕，之后曾被转到炮局监狱关押。在监狱中，她仍不知悔改，经常唱《君之代》等日本歌曲进行自我安慰。1948 年 3 月 25 日，川岛芳子被处决。

新中国成立后，炮局监狱由北京市公安局接管，成为北京市“第三看守所”，大部分房屋经改建后用于办公及拘留刑事犯罪分子。2008 年奥运前夕，“第三看守所”迁往大兴新址，旧址按原貌保留。

斗转星移，沧海桑田，曾经的抗战岁月已离我们远去，英雄儿女浴血奋战的故事我们只能从书本上看、从知情者那里听。如果有更多的机会，我愿意走进这炮局监狱，走进一个个当年故事发生的地方，去体会更为鲜活的历史，感受那份炽热的革命热情，聆听为国家和民族奋起的吼声。牢记历史，珍惜和平，且听胡同深处的堡楼为我们讲述的那段峥嵘岁月。

参考文献

1. 中共北京市委党史研究室编：《北京革命史简明词典》，北京出版社，1992 年。

2. 陈溥、陈晴编著：《紫禁逝影 · 东城》，中国社会出版社，2009 年。

3. 党洁编著：《北京城旧影寻踪》，北京理工大学出版社，2012 年。

人民第一堡垒
——焦庄户地道

靳 宝[①]

呼啸而过的地铁，每天穿梭在城市的地下，将成千上万的人从一处，送往另一处。庞大的地下通道，成了城市不可分割的血脉。和这些繁忙的现代化线路相比，抗日战争时期，那一条条由村民徒手挖就的地道，就显得无比的简陋。而就是这样不起眼的小工事，却一次又一次地为军民抗击日本侵略者的行动提供了有效的掩护以及转移条件，发挥了不可小觑的作用。

如今，我们走进位于北京市顺义区焦庄户村的“北京焦庄户地道战遗址纪念馆”，还能透过这些被保留下来的抗战时期的民居以及战略设施，感受到曾发生在这里的光辉历史。

抗日战争时期，随着冀东抗日根据地的发展，焦庄户村成为解放区的“老四区”。1943 年 4 月，焦庄户公开建立村政权，马福担任村长。村里还成立了民兵中队，组织起了妇救会，建立了儿童团等群众组织，在党支部的领导下，他们一面生产，一面开展武装斗争。附近的干部和八路军也经常到

地道入口

① 作者：靳宝。工作单位：大葆台西汉墓博物馆。

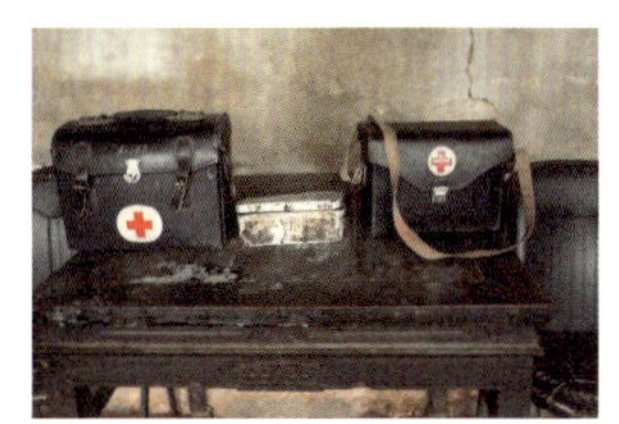
医药箱

焦庄户村学习、整顿和修养，因此，这里引起了敌人越来越大的注意。

如何有效地进行掩护，开展斗争，成为摆在焦庄户人民面前的难题。村长马福和村里的抗日骨干一合计，觉得挖地道的办法可行，将地道贯通全村，就可以利用地道进行掩护和转移。于是，一场开挖地道的人民战争就这么如火如荼地展开了。年轻劳动力动手挖地道，儿童和妇女放哨，防止挖地道的消息走漏风声……全村人民在党支部的领导下，经过一冬天的奋战，终于将地道从村里掏到村外，并且顺着土坡、坟墓等有利地形开了洞口，还留了暗堡，等等。后来，他们又对地道进行了进一步的改造，解决了敌人放水、放火进地道的隐患，真正将村里的地道建成了“能藏、能走、能防、能打”的“四能”地道，俨然一座“地下长城”。

1944 年 5 月，上级决定端掉龙湾屯的日伪炮楼，把抗日根据地连成一片。焦庄户的民兵在村长马福的带领下，接下了这个光荣而艰巨的任务。为了攻打炮楼，马福和焦俊芳率领民兵把地道挖到了离炮楼仅四五百米远的地方，利用地道，他们顺利地摸到了日伪炮楼的附近，最终俘虏伪军 40 多人，缴获大枪 37 支，还有很多军用物资。

除了利用地道进行转移，更多时候，地道则起了非常重要的掩护作用。地道修成后，焦庄户成了冀东抗日根据地既安全又可靠的堡垒。接着，冀热辽十四军分区卫生处第二所也搬到这里，附近的伤病员都到这里来疗养，村里经常住着几十个“花号”。据说，

地道战模拟

这一年来的伤病员就有五六百人。群众对他们像亲人一样，非常热情。特别是妇救会的积极分子，总是守着伤病员问寒问暖，烧水、做饭，消毒换药，端屎端尿，照顾得无微不至。一有敌情就把伤病员抬进地道，保证伤病员的安全。

1945 年 2 月 13 日，上万名日伪军浩浩荡荡，向焦庄户、驻马庄一带杀来。县大队保护县委和政府机关，边打边撤，在赵家峪村北的庞山附近被包围。二连（娃娃连）23 名小战士奉命掩护突围，全部战死在山坡上。突围中，县妇救会主任苏健被子弹打穿了踝骨，倒在山下，被大段村的民兵干部抬进村里，后来转移到焦庄户，住在一户人家治疗。妇救会主任石英宁闻讯赶来，主动承担了苏健的护理工作。

为了更好地照顾苏健，她不分昼夜地陪护在苏健的病床前，仔细打点着苏健的生活，大到喝水、吃饭，小到方便之事，无微不至，常常忙活得满头大汗。为了给苏健补充营养，她连家里的老母鸡都杀了，熬成鸡汤喂给苏健喝。期间，还要经受敌人时不时的搜查。情况一紧，她就把苏健背进地道里，用酒精灯烧火给她做片汤，感动得苏健常常热泪盈眶。伤势好一点，她就扶起苏健，给她梳头，照顾得十分周到。但是由于地道潮湿，营养也跟不上，上级决定把苏健转移到附近马坊村一个姓郝的地主家疗养，苏健临行希望石英宁跟去，可当时石英宁家有老人，也需要照顾，她克服家里困难，安顿了一下第二天就赶到马坊去护理苏健。

在石英宁的精心照顾与掩护下，苏健慢慢地开始恢复了，石英宁松了口气。不久，石英宁又开始护理另一位老红军纪心泉。他在 1944 年秋天攻打大厂据点时身负重伤，却仍然坚持在抗战的前线。由于当时条件不好，没得到妥善治疗，身体条件使他再也不能坚持抗战，才转移到焦庄户疗养。敌人闻讯追来，到焦庄户搜查八路军伤员，石英宁提前把他转移到地道里，这才躲过了敌人的耳目。进村的敌人一看搜不着要抓的八路，就开始恼羞成怒，烧杀抢掠，想要逼八路现身，结果也只是白做无用功。这厢，石英宁在地道里躲着却心急如焚，不知外面到底是什么情况。于是，她就顺着地道，悄悄地走到老刘家炕沿底下的洞口，想要打听情况。刚用头顶了一下盖板，就听见那边日军正在外屋翻腾东西，吓得刘嫂子直冲她打手势，她赶忙回了地道，一直待到敌人走了才从地道出来。经过石英宁的护理，纪心泉最终伤愈归队，继续为抗战发挥自己的光和热。

焦庄户地道，早已退出了历史的舞台，不再发挥其功用，但作为一处非常重要的抗战遗址，其意义和价值毋庸置疑。它不仅显示出了劳动群众的伟大智慧，而且显示出了人民在党的领导下，英勇抗击侵略者的宝贵民族精神。时代在前进，虽然如今我们有了更现代化的“地道”，但那简陋的地道遗址，却始终闪耀着光芒。

抗战中的军民鱼水情
——记萧克将军的碗

吕奇志①

萧克

门头沟斋堂镇马栏村里，有一处普通的宅院，门额的木匾上有萧克将军的亲笔题字“冀热察挺进军驻地”，这就是“冀热察挺进军司令部”旧址。当年，萧克等八路军的指挥员曾在此指挥平西、平北、冀东军民粉碎日寇数次大“扫荡”，并创造了步枪击落飞机的奇迹，使这块抗日根据地人口发展到 320 万人，并建立了 1.6 万人的队伍，它犹如锋利的匕首插进日寇的心脏，为巩固平西抗日根据地做出了重要贡献。在根据地，在马栏村，还曾发生过许许多多动人的故事呢！

1938 年 11 月，中央依据毛泽东等领导在《对冀热察区工作的意见》中的指示，决定成立八路军冀热察挺进军。1939 年新年后，担任挺进军司令员和政委的萧克将军率部入驻斋堂镇。中心任务就是巩固平西，坚持冀东开辟平北的游击战争，创建冀热察抗日根据地。1939 年 10 月，挺进军司令部进驻马栏村。

直至 1940 年春节后，萧克司令员带领精干的指挥

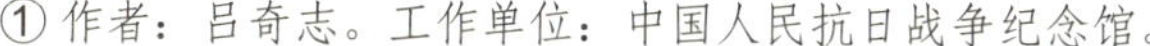

① 作者：吕奇志。工作单位：中国人民抗日战争纪念馆。

机关和一部分直属部队离开马栏村，挺进军仅仅在马栏村驻防了 4 个月的时间。虽说时间不长，但共同的保家卫国的信念，却将挺进军和马栏村的百姓们紧紧地联系在了一起，演绎了别样的军民鱼水情。那份情谊，至今仍被人津津乐道，为后人传颂。

当时马栏村有农会、自卫队、妇救会、儿童团等群众组织，他们与日本侵略者和汉奸展开了顽强的斗争。挺进军驻扎于此时，军民关系亲如一家人。百姓积极支持挺进军的各项行动，为他们提供力所能及的帮助。而挺进军，上至萧克司令员，下至普通的士兵，都对当地的村民照顾有加。

一天，马栏村一户村民家中，躺在病床上的一位大娘被病痛折磨着，有气无力地呻吟着，在床前伺候的儿子想着母亲可能这次熬不过去，鼻头一酸，轻轻问母亲："娘，您想吃点什么？""唉，吃什么……也没用了，我这次怕是……""娘，别瞎说，您说吧，您想吃点什么，我给您弄去。"儿子赶紧打断病人的话。"别的……算了，就是想……想吃点肉，可……可如今哪有肉呢？"是呀，这真让儿子犯难了，这个时候别说肉，连窝头都经常吃不饱。"娘，您甭操心，我想办法去。"儿子咬咬牙，想着怎么也得满足母亲这点可怜的愿望。

马栏村萧克将军的青花碗

第二天，大娘躺在床上，儿子一直没回来，只听传来轻轻的叩门声。“谁呀？”大娘有气无力地问道。“大娘，是我，我们给您送饭来了。”门外传来礼貌的回答。大娘挣扎着颤颤巍巍地打开门，发现门外站着两个挺进军的小战士，一人手里端着一只饭碗。大娘忙把小战士让进屋里，当小战士进入这家的房门时，一股令人垂涎欲滴的肉香扑鼻而来。

“大娘，我们萧司令员听说您病了，特别想吃肉，就让炊事员给您做了病号饭，特意放了肉，让您补补身体。祝您早日痊愈！”

“别，别，我这一把老骨头，还能干什么，你们正是长身体的时候，还是留着你们吃吧。”

“瞧您说的，您就跟我们的亲娘一样，有我们吃的就有您吃的，您把身体养好了，比什么都强。”

说完，两个小战士将装着饭和肉的青花碗放到桌上，转身出了门。大娘看着桌上的饭菜，眼睛立刻湿润了，禁不住喃喃自语道：“这挺进军的队伍，真是咱老百姓的队伍呀！这种事，搁到以前，想也不敢想呀！”

萧克将军是因为前两天在村里投宿，听到大娘儿子在为母亲找肉吃，才得知了大娘病得很重。当时挺进军的后勤补给非常紧张，但萧克将军听说此事后，毅然决定杀猪煮肉。许是这两碗饭菜及时为大娘补充了营养，也或许是大娘的心情逐渐舒展，慢慢地，大娘的身体逐渐康复了，但她却始终将这一饭之恩记在心里，不仅自己牢记，也交代儿子们牢记：“八路军是人民的军队，挺进军是咱们的救命恩人，我们要永远记住他们的恩情啊！”

冀热察挺进军旧址

故事的主人公很普通，故事的情节也不惊天动地，但其中包含着的军民之间的脉脉温情，却有着如此深刻的感染力。在那个战争几乎要毁灭一切的年代，这份情谊越发珍贵。从此，这个故事便在马栏村流传开来了。正是在这种军爱民、民拥军的氛围下，马栏村人拥军支前，配合挺进军作战，成为平西抗日根据地的模范村。1939 年，马栏村有 40 名青年踊跃参军，组成挺进军七团“马栏排”，积极抗击侵略者，如今的马栏村人民仍引以为傲。

而今，几十年转瞬即逝，我们早已把侵略者们赶出了家园，过上了安稳富足的生活，当年事件的主人公的姓名，也已被人遗忘，但这件事却被一代代的村民铭记着。冀热察挺进军纪念馆建立时，这个大娘的儿子把那两只曾经装肉的、蕴含着军民深厚情谊的青花小碗，捐赠给了纪念馆。

1995 年，北京市政府公布冀热察挺进军司令部旧址为第五批文物保护单位。1997 年，马栏村全体村民捐款，修缮旧址房屋，村民送来萧克将军等使用过的 120 多件文物，建起了北京市第一家村办博物馆——冀热察挺进军司令部旧址陈列馆，希望将这种军民鱼水情代代传承下去，如今这个陈列馆也已成为北京市青少年爱国主义教育基地。

见证抗战历史军民鱼水情的挎包

邓　欣

今年是抗日战争胜利 70 周年，也是世界反法西斯战争胜利 70 周年，在这个特别的年份里，我又想起了母亲捐赠给永定河文化博物馆的父亲的挎包。

这个挎包现在陈列在永定河文化博物馆四层“从历史走来的门头沟”基本陈列中革命史部分，是一件抗战文物，这是父亲邓华生前使用过的物品。1984 年初，门头沟区筹办平西抗战史展时，向曾经战斗在门头沟地区的老战士、老将军征集抗战文物，我母亲收到信后亲自来到位于门头沟西峰寺的博物馆，将在抗战中缴获敌人的战利品——跟随父亲 40 余年的挎包捐给博物馆，以教育后代。

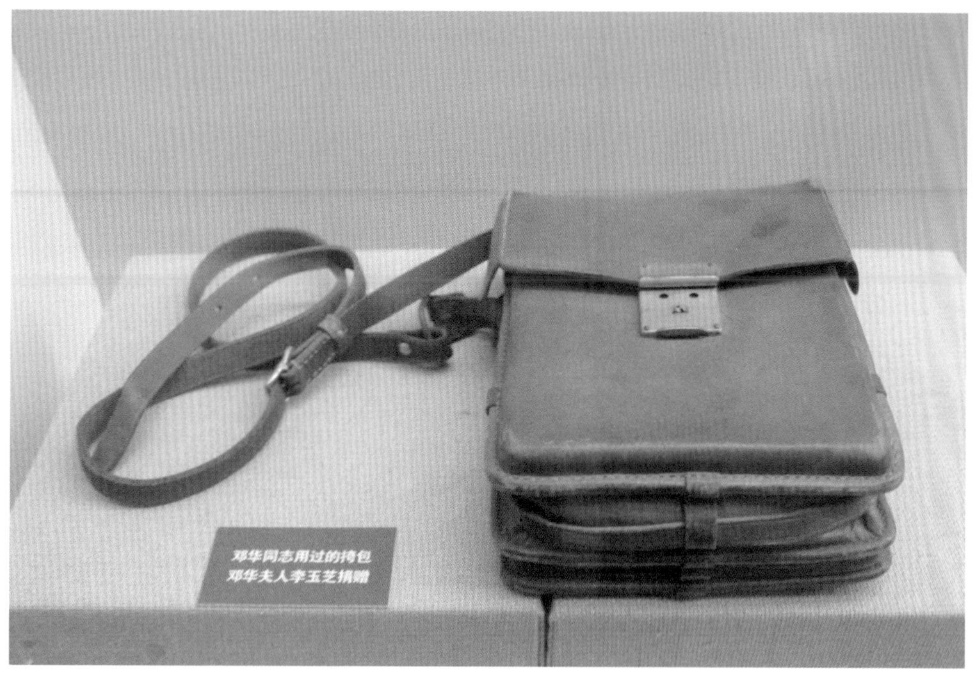

邓华曾用过的挎包

父亲一生戎马，将毕生奉献给了抗日和建设祖国的事业，平型关战役的经历，是他一生中最为闪耀的军功章，这次大捷，不仅重挫了日本侵略者，缴获了不少战利品，也是对我军气势的重大鼓舞，父亲的挎包，也是这次战役缴获的战利品之一。

虽然军功赫赫，但是提起这个跟随父亲征战多年的挎包，更让他感怀的是之后在平西抗日根据地的岁月。

根据党中央、毛泽东同志创建冀热察地区抗日根据地的指示，1938 年 3 月初，父亲率部队进入平西斋堂地区（现门头沟斋堂镇），在西斋堂村的聂家大院设立了司令部。那只挎包也跟着父亲来到了平西，见证了那段艰苦而光辉的抗战历史。

3 月下旬，在东斋堂村公开成立了北平第一个抗日民主政府——宛平县人民政府。1938 年 3 月 31 日至 4 月 3 日，他率支队打进门头沟，占领了火车站，炸毁日军碉堡，又攻打香山碧云寺等，给了日伪军沉重的打击。从此之后的两年中，父亲就在平西落地扎根，与当地军民一起进行艰苦卓绝的抗日斗争，父亲先后任八路军第四纵队政委和冀热察军政委员会委员，与萧克将军并肩战斗。

平西地势复杂，多山地，条件比较艰苦，无法开展大规模的正面战斗，所以八路军主要采取游击战的方式阻击敌人。游击战是一种充分依靠地势地形和当地群众的作战方法。游击战，不和当地的民众打成一片，运用虚虚实实、里应外合的战术，怎么能保全力量、大获全胜呢？所以在平西的日子里，父亲率领的八路军和当地的村民简直像一家人一样，村民把八路军当成是自己的儿子，八路军也像爱护家人一样保护民众。

斋堂镇有一片果树林，不仅镇里的村民拥护八路军打鬼子，连这片大地上孕育的植物仿佛都有灵气呢！这片果树林可谓是游击战队员们的后勤大员和掩护功臣。

当时鬼子在平西经常出没，进到百姓家里要百姓供出八路军的藏身之地、交出粮食和家畜更是常有的事。这一天几个日本兵搜查到了西斋堂聂家大院附近，日本兵用刺刀粗鲁地对着一位老大爷比画，大声质问：“你！知不知道八路军在哪里？”

晋察冀军区邓支队司令部旧址（西斋堂聂家大院）

老大爷瞅了日本兵一眼，装作惊慌地说："哪有什么八路军？我们小小老百姓，哪里敢招惹当兵的呀，他不来找我们，我们就谢天谢地啦！"一边说一边拱手向日本兵作揖，一副害怕"军爷"的样子。

几个日本兵在院子里转悠了一圈，这里挑起来看看，那里拍打拍打，没什么收获，几个人嘀咕了几声。老大爷眼睛滴溜一转，赶忙说："军爷，您看我这院子里有什么您喜欢的，您就说，直接拿走，什么八路军九路军，我给您打听着，等有消息了我去通报给您，只要您能保我们百姓一方平安。"

几个日本兵听了这话，嘴里一个劲儿地喊"吆西"，笑着赞扬老头儿明事理，是良民，又从院子里转悠一圈，踢倒几把铁锨锄头，就招呼大家都走了。

日本兵一走，老头赶紧回屋掩上门，要知道八路军的司令部就在附近的聂家大院啊！那几个不开眼的日本兵，竟然晃悠到这里来了。老头心里直着急，这要是被日本兵发现了可怎么是好！他得赶紧让八路军知道有鬼子来过才行。想到这里，他赶忙跑到山坡上的果林里，摘了两筐果子，挑在担子上在镇子里叫卖。说是叫卖，只不过是为了掩人耳目。走街串巷了一小会儿之后，一闪身就到了聂家大院。

“卖果子咯——山坡上新鲜的果子哎——”老人家这么吆喝，就是想给里面的八路军报信。

“什么人卖果子？快进来我们看看！”

“好嘞！”

这样，老人就把“生意”做到了司令部。

接待老人家的正好是父亲：“老人家，今年的收成可好？”

“好！好！您看看这个果子……”

父亲带着老人进了里屋，老人说了看见鬼子出没的全经过。

父亲一拍大腿：“好！他们敢来，我们就来个瓮中捉鳖。老人家，您说山坡上的果树林非常茂密，是吗？”

“可不是嘛！人只要一钻进果树林，顿时觉得昏天暗地，也看不见太阳光了，几米开外就看不见人了，那一片果树，茂密着呢！不是我们自己人，一般人进去就迷路了。”

“太好了，老人家您先回去，您提供的情报非常重要，帮了我们大忙啊！”

送走老人之后，父亲连忙召集战士，准备针对平西地区“扫荡”的鬼子，进行一次果林游击战。

那次游击战，八路军声东击西，故意把鬼子引到了果林附近，然后一个猛子扎进果树林，日本兵哪里懂得当地的地形，也一股脑儿全都追了进去，这就进入了八路军的包围圈，战士们以树林为掩体，脑中熟记着当地村民早已告诉他们的果树林地形，牵制着敌人如无头苍蝇一般乱跑乱撞，打了痛痛快快的一场游击战。

随着在平西驻扎的时间增长，父亲所在的部队和当地村民的感情也越来越深厚，老大爷也经常把果子、粮食都积攒着，送到部队来慰问战士。百姓拿出最好的粮食和果子，自己却省吃俭用，还帮着八路军打掩护，躲避鬼子的盘查。

两年后，父亲离开了平西根据地，但是在后来的岁月中，听母亲提起当时父亲的抗战岁月，总是说父亲最怀念的是平西的乡亲，是斋堂镇山坡上的那片果树林。没有百姓的肝胆相照、鼎力相助，八路军在平西就仿佛缺失了臂膀；而那片茂密的果树林，掩护了诸多战士免于受伤，又给八路军提供了无尽的珍贵补养。

军民鱼水情，并不是一句简单的话语，在抗战的年代，是真真实实感受到的一种比友情、亲情都要紧密的感情。多少年过去了，跟着父亲在平西战斗的挎包并没有随着时光流逝而磨损。

母亲回忆，此挎包一直跟随父亲经历了抗日战争、解放战争，以及抗美援朝战争。1959 年冬季，父亲和母亲带着只有 5 岁的我，来到他们曾战斗过的门头沟。当时我在母亲怀里，听着父亲和母亲讲着他们在平西抗日时的往事。到了斋堂，父亲直奔当年的司令部聂家大院，当年聂家的闺女受父亲和母亲的引导也参加抗日，投身了革命。当地一位长者跟父亲说："当年这里住过一位邓司令，他统领百万大军，打败美帝国主义的侵略者，了不起！这里人民很想念他。"这时父亲再也按捺不住，流出了热泪："我也想念你们啊！"

长者认出父亲，上前紧紧拉住父亲的双手。他和父亲来到山坡，茂密的果树林呈现在眼前，有杏树、柿子树、板栗树等。

返回的路上，父亲的心情久久不能平静。我虽然年龄小，跟随父母亲重返当年的战场也受到了很好的爱国教育，我终身难忘！后来多次去过门头沟，当再次参观永定河博物馆看到那挎包时，我思绪万千，不能平静，特写此文留作纪念，同时感谢永定河博物馆工作人员热情接待并提供资料。

战争已经过去，祖国迎接了几十年的和平安康，希望未来也一直和平、繁荣。父亲的挎包还静静地在那里，提醒着现在的人们那段残酷的历史，提醒着我们守卫和平，它更是一种寓意——只有根植于人民的党，才能取得无往不胜的胜利。

八年终挫不义师

——太和殿日军投降

郭京宁[①]

第十一战区长官孙连仲在日军投降书上签字

走进故宫，过了午门以及太和门，就来到了宽阔的太和殿前广场，历经历史沧桑的太和殿，依然雄伟辉煌。太和殿，俗称金銮殿，位于紫禁城南北中轴线的显要位置，集中国传统宫殿建筑之精华，曾是明清两朝皇帝举行各种典礼的场所。当封建皇朝已然成为过去时，这里又见证了伟大的中国人民取得抗日战争的全面胜利后，接受日军投降的历史性时刻。当年，华北战区受降仪式就是在太和殿广场举行的，是侵华日军 16 场投降仪式中规模最大的一次。这与时任中国第十一战区参谋长、第十一战区华北受降区北平前线指挥所主任吕文贞的策划是分不开的。

1945 年 8 月 15 日，日本天皇裕仁宣布无条件投降。历经 8 年浴血奋战，中国人民终于迎来了抗日战争的全面胜利。

中国正式接受日军投降后，当时的南京国民政府迅速向各战区派遣军政人员，与日军接洽受降事宜。负责河北、山东、热河三省战事的第十一战区，也第

①作者：郭京宁。工作单位：北京市文物研究所。

太和殿前的日军投降仪式现场

一时间派遣吕文贞将军等作为洽谈人员前往北平，设立前线指挥所，受理华北日军的投降。

正当中方信心百倍，准备迎接这场艰巨而光荣的受降仪式任务时，已处穷途末路的日军，却以日军的军刀都是传家宝为理由，提出不将军刀作为武器上缴，反而要求在投降仪式上佩带军刀、勋章，试图保留所谓的“面子”。这一要求违反了同盟国的规定，立即遭到中方严词拒绝。

也许正是日军这一有损中国国格的无理要求触动了北平军民的爱国尊严，加之此前在天津小广场上目睹了美军的“天津受降”，华北受降区北平前线指挥所主任吕文贞将军认为，“美军公开受降，我们也要公开受降”。他觉得八年抗战使中国人民遭受了这么多苦难，应该让大家都来分享胜利，让中国人扬眉吐气。于是，他不惜“独断专行”，当即做出了一项惊人决定：取消原定于中南海怀仁堂内的受降计划，地点改为故宫太和殿，让国人在可容纳万余人的太和殿广场亲睹受降典礼，共享胜利之欢。

1945 年 10 月 10 日，受降仪式举行。黎明破晓，北平民众即从四面八方络绎而至，宽阔雄伟的太和殿广场瞬间被挤得水泄不通。天安门、端门、午门、东华门、西华门、南北池子、南北长街……都已是人头攒动。当时北平人口约 200 万，有 20 多万人从四面八方拥到故宫，要亲眼见证日本向中国投降。

上午 9 时 20 分，负责担任警卫任务的仪仗队在民众的一片欢呼声中，迈着坚实有力的步伐向受降台行进。该队系第十一战区特务团，素以武装整齐、军容威严著称。

9 时 30 分，北平市市长熊斌及其他党政军要员步入会场。

10 分钟后，美军司令罗基少将、华顿参谋长，英国代表蓝来纳，苏联代表巴斯里耶夫，法国代表马至礼，荷兰代表高克等外宾亦相继莅临到场。

9时50分，在一派军乐声中，第十一战区司令长官孙连仲进入仪式现场，观礼民众热烈鼓掌，会场顿时为之沸腾。

第十一战区受降适逢国民政府的“双十国庆纪念日”，为取“十”字重叠的庄严隆重之意，典礼特定于10月10日10时10分举行。

10时10分整，煤山（今景山）山顶上军号长鸣。会场上礼炮响起，军乐队凯乐高奏。全体人员垂手肃立，为在抗日战争中牺牲的烈士默哀。日本代表团成员个个低头躬身，向中国人民谢罪。

按典礼程序，中外来宾依次入席。随后，身着上将军服的孙连仲将军，步入受降台后正中，威风凛然，神采奕奕，全场民众掌声骤起。司仪传达主官命令，高呼：“引导日本投降代表入场！”

命令传出后，全场立时寂静无声。在第十一战区初光参谋长的导引之下，投降的日军代表——华北日军最高指挥官根本博中将、参谋长高桥坦中将及副参谋长渡边少将等20人，由太和门左掖门入场。一行人俯首低眉，面露惶惶之色。行至受降台前，由根本博开始，纷纷肃目立正，向孙连仲将军行礼。孙将军致答礼后，根本博等退至左侧恭立。

这时，初光参谋长将3份投降书分别置于台上。司仪宣布：“日本投降代表人华北方面军司令官根本博签字。”

根本博提起毛笔，一一签字盖章后，呈交孙连仲将军。孙将军在“受降主官”栏下签字盖章。

见证了日军投降的太和殿

北平各界人士在故宫召开庆祝大会

司仪继续宣布："日本投降人员献刀。"

于是，自根本博、高桥坦、渡边及以下诸人，逐次将他们手中沾满中国人民鲜血的战刀置于受降桌上，再由初光参谋长引导出熙和门退场离去。

正当这些日军侵略者在众目之下离开典礼会场时，一架盟军 B52 式轰炸机自会场上空隆隆飞过。乐队高奏国歌，全体军民齐向军旗致敬。此时，沉默良久的观众，欢腾振奋之情似火山爆发，在孙连仲将军带领下，全场官民高呼："中国万岁！""胜利万岁！"欢乐雷动，响彻云霄。场下的青年少壮欢颜尽展，老年人则多已潸然泪下。

10 时 35 分，受降典礼完毕。虽然整个仪式只有短短 25 分钟，但这却标志着一个历史时代的终结。

值得一提的是，受降典礼之日，正逢故宫建院 20 周年。古老的紫禁城，恢宏的太和殿，能够成为这一辉煌的历史性典礼主办之地，似为冥冥天意使然。

民族号筒音长响 军民浴血复家园

——由一幅“解放区形势图”说起

葛瑞娟

在民间抗战文物收藏家朱先生的众多藏品中，有一幅名为“解放区形势图”的地图，从上面标记的日期可以看出，这幅地图印刷于1945年7月，距北京卢沟桥事变爆发已经将近8年，抗日战争胜利在即。那么，这幅地图的印刷方是谁呢？正是在抗战期间鼓舞了民族志气，为抗战胜利做出不可磨灭贡献的《晋察冀日报》。

《晋察冀日报》刊登的解放区形势图

1937年7月7日，日本侵略军向北平郊区卢沟桥发动进攻，挑起全面侵华战争。眼看着北平、天津等地逐渐失守，国民党全线溃败，中共中央和毛主席提出建立敌后抗日根据地，开展人民游击战争的决策。第一个成立的敌后根据地就是晋察冀根据地。根据地建立不久，《晋察冀日报》也随之创刊出版。

① 作者：葛瑞娟。工作单位：北京燕山出版社。

敌后战场军民大反攻形势图

《晋察冀日报》，原名《抗敌报》，顾名思义，即专为抗日战争而设的报纸。《抗敌报》，1937 年 12 月 11 日由晋察冀军区出版，1938 年 8 月改为由晋察冀边区出版，成为中共晋察冀边区党委机关报。1941 年，《抗敌报》易名为《晋察冀日报》，由当时年仅 29 岁的邓拓任社长兼总编，带领陈春森等一批年轻人，秉持着“打着游击办报”的理念，斗志昂扬、热火朝天地开始了《晋察冀日报》的编辑和出版工作。从此，在战火弥天的 8 年中，为了宣传战争的消息，鼓舞边区人民的斗志，号召和组织边区军民英勇抗战，报社同人不断转徙，躲避敌人的搜捕和“围剿”，随处写稿、排版、印刷，一腔爱国热忱付诸纸上。比如，在著名的反“扫荡”斗争中，《晋察冀日报》的老报人在社长邓拓的带领下，一手拿笔一手拿枪，用 8 匹骡子驮着印刷器材，一边同敌人周旋，一边就地紧急办报，利用广泛的信息源，使边区军民及时了解到党中央的指示、第八路军的政策以及根据地的战况，从侧面提高了对日作战的效率，促进了胜利之日的早日到来。当时，有些同志把《晋察冀日报》比作一条龙，见首不见尾，随处潜伏，虽然日军把它当作肉中刺、眼中钉，但却始终没有能够破坏它。当然，《晋察冀日报》之所以能够在战火中屹立不倒，与边区人民对它的热爱和守护是分不开的，惨无人道的“马兰村惨案”即是最坚实的明证。马兰村人为了保住报社的印刷器材，誓死没有向日军供出半点信息。社长邓拓后来写作的《燕山夜话》所用的笔名“马南邨”取的就是“马兰村”的谐音，他给自己的女儿也起名小兰，以示对马兰村人的铭记。在报社同仁和人民群众的守护下，《晋察冀日报》才能在九死一生的年月里充分发挥其支持抗战的精神力量。

虽然是当时中共晋察冀边区的党委机关报，但《晋察冀日报》并不只是刊登重要的决策文章和严肃的国内国际新闻，同时也会刊载漫画、顺口溜、诗歌等贴近军民日常生活的内容，另外辟有专门的文艺版块以及一些副刊等，形式不拘，内容多样。它既是当时根据地广大军民了解第八路军政策和根据地战况的主要渠道，也是对敌作战的强有力的舆论武器。笔下纸上，遂成文章，而文章之力，可谓千钧，能动人情，能发人思，能促人行。文章就如思想和情感的传达器，传达出一个民族的意志与悲喜。1938 年 6 月 27 日，《晋察冀日报》第五十期出纪念特刊，聂荣臻同志在题词中把该报称为“民族的号筒”。在 8 年的对日作战历程中，《晋察冀日报》凭借其一篇篇文章，一方面传达出中华民族在危难关头的思考与应变，惊惶与镇定；另一方面也起着号角的作用，号声长鸣，一鼓作气。

《晋察冀日报》的及时出版，是中共中央对日作战的英明决策，因为当一个民族处于生死存亡之时，精神支柱的有无与强大与否直接关系到全国民众能否有坚强的意志和坚定的信念一致抗敌，而《晋察冀日报》即在这方面起到了中流砥柱的作用。

有了精神的凝聚力，人民群众积极配合中共中央的领导。八年抗战时期，相继成立了晋察冀抗日根据地、晋绥抗日根据地、晋冀豫抗日根据地、冀鲁豫抗日根据地、华中抗日根据地、华南抗日根据地、东北抗日联军等 19 个抗日根据地，以点带面，采取多种对敌作战方式，全面退敌，用鲜血和智慧谱就了一曲曲胜利的悲歌。8 年之间，有多少无辜百姓和军民英雄在战争中牺牲，然而，在中共中央的积极领导下，8 年浴血奋战终于迎来了胜利的黎明，这幅解放区形势图就是

對日戰爭進入最後階段

毛澤東同志發表聲明

致電斯大林元帥將以全力配合紅軍及盟軍作戰。

一九四五年，八月九日 毛澤東 朱德

1945 年 8 月 9 日，毛泽东发表《对日寇的最后一战》声明

最好的诠释。此时已是1945年7月，由图可见，各革命根据地如火把照亮华北、华中、华南、东北等地区，解放区一片光明，而不久之前，日寇的铁蹄还在这广袤的土地上践踏中华民族的生命和尊严。光明和和平如此来之不易，它是中共中央领导下的军民团结一心、用生命换来的。

胜利非一朝之事，需付出不可估量的艰辛。8年的抗日战争，中国共产党一心抗敌，宏观上不断运筹谋策，鼓舞军民士气，具体事情上亦以人民群众为根本，团结军民力量，在挫折中顽强前进，终于把敌人从中华大地上驱逐出去。虽然动荡之秋旷日持久，虽然敌人顽劣残忍，但是，中华民族不可侵犯和誓死保家卫国的精神更是无法撼动的。黑暗终将过去，而黎明的太阳正冉冉升起，未来的东方璀璨无比。

文物小档案

藏家：朱燕君先生（民间抗战文物收藏家）

流转经过：此件文物之前被新华通讯社原副社长杨居仁收藏，后杨居仁先生因病去世，将所藏的抗战文物留传给朱燕君先生，并将文物的来源、典故一并交代，请朱先生妥善保存、传续。

素材来源：新华通讯社原副社长 杨居仁先生

故事讲述：朱燕君先生

史料考证专家：中国人民抗日战争纪念馆研究员 张量先生

后　记

文物作为历史的重要见证者，在重要的历史时刻，应抒发见证人的心声。

在纪念中国人民抗日战争胜利暨世界反法西斯战争胜利 70 周年之际，北京市文物局开展了相关文物主题修缮工作。藉此契机，作为隶属北京市文物局以北京历史文化为专业出版方向的出版社，我社策划并推出《文物背后的抗战故事》，既从文物视角反映日本法西斯对这座千年古城的蹂躏践踏，更为了隆重纪念那些为了抗战胜利、和平和文化保护前赴后继牺牲或做出杰出贡献的人们。

中共北京市委宣传部对该选题非常重视，将其入选“北平抗战实录丛书”，强调从文物背后挖掘鲜为人知的历史事实，让文物站起来讲故事，反映北平地区抗战特殊、复杂、残酷而光荣的另一面。市委宣传部出版处负责同志对该书做了大量的组织、协调和指导工作，在此，由衷地表示感谢！

北京市新闻出版广电局和北京市社会科学理论著作出版基金给予该选题的肯定和资金扶持，确保了图书前期制作方面的顺利进行，对此我们深表感谢。

在组稿阶段，该书得到北京市文物局的大力支持。局长舒小峰同志、副局长于平同志对于该书组稿和宣传工作高度重视和关心，藉主题文物修缮工作之机，文物局领导安排文保处和博物馆处作为组稿协调对接部门，不但在全局上下进行稿件征集，更召集北京各区县文委专门就征文之事进行工作布置，使得该书大部分稿件或素材全部由一线文物工作者撰写与提供。舒小峰局长还声情并茂地给项目负责同志讲述了萧克将军“一只碗”的故事，并提供了不少素材细节。

中国人民抗日战争纪念馆的张量老师、北京市档案馆的刘苏老师、抗战文物收藏家朱燕君老师和原启长老师，对该书的组稿工作提供了无私热情的帮助，在此致以诚挚的感谢！

同时，感谢中共北京市委宣传部为该书组稿阶段组织的专家论证会，感谢各位专家为该书提供了宝贵意见和建议。中共北京市委党史研究室刘岳老师对全书稿件进行细致审读，提出优化意见；江金照老师周末帮我们加班质检书稿，提出了不少中肯意见。在此一并感谢。

另外特别感谢徐德亮先生及《艺海说宝》的策划张世强先生。该书项目策划和负责人在《艺海说宝》听到郑振铎先生在抗战期间保护古籍故事时，非常感动，第一时间联系了徐先生和张先生。两位先生不但热情帮助我们提供素材和徐德亮先生演绎的音频资料，而且张先生本人还亲自为本书撰写稿件。

在该书的后期制作阶段，感谢北京电视台新媒体发展中心的诸位同人为该书的二维码制作付出的努力。

在包括但不限于上述诸方面的协助下，以及在本书项目组的艰苦努力下，我社终于在一个月内完成该书的组稿工作。在征得作者同意的情况下，项目组对本书进行了较为细致的加工和内容优化处理。

为了完整地从文物角度呈现北平抗战的全貌，我们按照内容将书稿分成四大篇章：

第一篇章激昂飞越，奏响的是热血的中国守军坚决对抗日军侵略，展示的是抵抗者的慷慨悲壮。

第二篇章悲凉沉郁，呈现的是残暴的日军对北平古城的践踏蹂躏，抨击的是法西斯的残忍暴行。

第三篇章凝聚热烈，抒发了不愿意做奴隶的北平人民的愤怒之火，展示了人民力量的坚强伟大。

第四篇章凯歌高奏，奏响了中国共产党倡导下的全民一致抗战，表明了抗战胜利的根本原因。

文物背后的抗战故事，也是歌声嘹亮的抗战精神之歌，同样奏出了抗战历史的最强音！

不过，成书过程较为仓促，如有不妥之处还请各位读者不吝指正。

我们希望读者们在读到本书熟悉或并不熟悉的故事时，能够回到那时那景，让一幅幅震撼人心、感人肺腑的画卷随着时间轴展开，既能感受到在日军铁蹄下备受蹂躏的北平城和人民的耻辱、痛苦，更能感受到中华民族儿女团结一致、筑成血肉长城反抗侵略者的顽强不屈精神！

文物之所以能够作为时序更替、社稷兴衰的见证者，不仅因其特殊的形质，更因为千百年来历史为其注入的精神内涵，因此跟抗战相关的文物千百年后也必将被不断注入新的精神内涵。

是以，文物不朽，文物背后的抗战精神永不朽。

北京燕山出版社

2015 年 8 月 15 日

守护老兵
守护我们的精神家园

——为抗战老兵售书捐赠活动

2015年正逢中国人民抗日战争胜利暨世界反法西斯战争胜利70周年之际，在中共北京市委宣传部的组织下，多家出版社联合推出了“北平抗战实录丛书”12种，北京燕山出版社有限公司（以下简称北京燕山出版社）参与了其中3种，即《文物背后的抗战故事》《家风的传承——我们家鲜为人知的抗战故事》《永远的丰碑——北平抗战英雄谱》的出版工作。

在策划、出版上述图书过程中，项目团队接触了大量曾经亲身经历抗战的老兵及其后代，有幸了解了他们的生活状态，被他们的爱国精神和民族气节所感动，切实感受到他们是“最可爱的人”。目前北京地区可能还没有专门服务于抗战老兵群体的组织，作为负有高度社会责任感的出版企业，我们决定以“售书捐赠”的形式，为老兵做一些力所能及的事。

此次捐赠由北京燕山出版社发起，并通过北京文物保护基金会（以下简称基金会）进行公开捐赠。基金会由北京市文物局主管，旨在为文物保护事业筹集资金，开展修缮、咨询、专业出版等工作。

经过双方协商，形成如下决定：

一、本次活动的捐赠来源及方式

（1）从北京燕山出版社上述3种图书的公开销售（包括新华书店系统、民营书店系统以及电商平台）中，按每销售1册提取1元的比例，捐赠给生活困难的抗战老兵及其家庭。

具体操作方式为：北京燕山出版社提供并公开销售数据，由基金会查验后，按照捐赠方式约定计算出捐赠资金。北京燕山出版社将该笔资金汇入基金会账户。双方召开现场捐赠会。

（2）抗战主题书法作品义卖所得。在捐赠会的现场，将书法名家向彬先生3幅抗战主题书法作品进行义卖，所得收入全部作为捐赠资金。

二、捐赠对象

经相关部门和相关组织的共同努力，汇总抗战老兵（包括但不限于上述3种书涉及的老兵）及其家庭名单。在征得他们同意后，经过相关部门、北京燕山出版社和基金会共同筛选，最终确定接受募捐的对象。

三、捐赠时间

（1）2015年12月13日。

（2）2016年8月15日。

四、活动公开与监督

两次现场捐赠之前一周，北京燕山出版社将销售数据和捐赠额度公布在官方网站、官方微博以及微信公共号，上述网站等相关信息请查看本书版权页。基金会也将同时发布相关信息。欢迎社会各界关注。

北京燕山出版社有限公司

北京文物保护基金会

2015年8月15日